解讀易經的奧祕 卷五

轉化干戈為玉帛。

風靡中國十億人口
知名大師
曾仕強｜劉君政
教授◎著述

國家圖書館出版品預行編目資料

解讀易經的奧祕. 卷5, 轉化干戈為玉帛 / 曾仕強 劉君政 著述. 曾以仁 編著.
-- 初版. -- 臺北市：曾仕強文化, 2015.08
面； 公分
ISBN 978-986-89499-9-7（平裝）
1.易經 2.研究考訂
121.17 104011259

解讀易經的奧祕・卷5

轉化干戈為玉帛

作　　者　曾仕強 劉君政
發 行 人　廖秀玲
編　　著　曾以仁
總 編 輯　陳祈廷
行銷企劃　邱俊清
主　　編　林雅慧
出 版 者　曾仕強文化事業有限公司
發 行 所　曾仕強教授辦公室
地　　址　台北市中正區重慶南路一段57號8樓之14
服務專線　＋886-2-2361-1379　＋886-2-2361-2258
服務傳真　＋886-2-2331-9136
版　　次　2015年9月一刷
I S B N　978-986-89499-9-7
定　　價　新台幣400元

【作者簡介】

曾仕強 教授

英國萊斯特大學管理哲學博士，歷任台灣交通大學教授、興國管理學院首任校長、台灣師範大學教授、人類自救協會創會理事長、新人類文明文教基金會榮譽董事長。

曾教授學貫古今，數十年來醉心於中華文化和西方現代管理哲學之研究，在國學、企管、哲學、教育等諸多領域上，皆有極高深的造詣。三十年前，世界五百強企業尚無中國企業能躋身其間，曾教授便已洞察趨勢，率先提倡「中國式管理」學說，被譽為「中國式管理之父」。迄今，曾教授已巡迴全球，完成逾五千場以上之演講，為臺灣生產力中心調查「最受企業界歡迎的十大講師」之一。

近年來，曾教授應大陸中央電視台邀請，至「百家講壇」節目，主講「經營之神胡雪巖的啟示」、「易經與人生」等主題，收視率勇奪全國之冠；二〇〇九年主講「易經的奧祕」系列；二〇一一～二〇一二年主講「易經的智慧」、「點評三國演義」；二〇一二年主講「道德經的奧祕」、「道德經的玄妙」，內容風靡全中國，不僅掀起一股國學復興浪潮，更被評選為第一名的國學大師。

曾教授著作有：《易經真的很容易》、《易經的乾坤大門》、《人人都不了了之》、《中國式管理》、《道德經的奧祕》……等數十本，其中《易經的奧祕》銷售量已突破五百萬冊，高居台灣與大陸各大書店文史哲類暢銷排行榜總冠軍。

劉君政 教授

美國杜魯門州立大學教育行政碩士，台灣師範大學教育學士。

歷任台灣師範大學、彰化師範大學、高雄師範大學教授，胡雪巖教育基金會理事。

前言——代序

現代科學愈發達，愈證明《易經》的道理，合乎宇宙人生演化的事實。

太極生兩儀，「生」的意思，並不是「產生」，而是更接近於「演化」。現代科學認為，大約在一百四十億年前，宇宙產生了一次創生的激烈大爆炸，特別稱之為「大霹靂」（Big Bang）。「無極」或「道」的概念，可以用來形容宇宙未爆炸前的狀態——「無極」大爆炸之後，形成「太極」；「道」大爆炸之後，造成「非常道」。宇宙原本沒有任何物質，卻充滿能量。大爆炸之後，不斷地產生各種變化，造成萬物。「太極」出現之後，兩儀、四象、八卦、十六卦、三十二卦、六十四卦，持續地演化，不斷地新陳代謝。相當於大霹靂使整個太空，散擲出含有能量的粒子，比原子還要小。當宇宙逐漸冷卻，這些元素粒子組合起來，形成帶正電荷的核子，外面連接帶負電荷的電子，演化出所有物種。

演化的過程，在開天闢地之後，由屯（ㄓㄨㄣ）（始生）、蒙（啟蒙）、需（等待）、訟（爭訟）、師（效法）、比（領導）……一路演化下去，似乎沒有什麼例外，所以說「一切有定數」。也就是「萬物在共同的自然規律下，各自尋找有利於自己生存發展的方式，做出合理的變化」。

天代表「創造性」，地即為「侷限性」。人生於天地之間，既有創造性，也不能擺脫侷限性。可惜隨著知識的普及、科技的發展，我們逐漸擴大創造性，卻似乎無視於自己的侷限性。二〇〇八年金融風暴襲捲全球，大家應該明白這是上天對人類所提出的嚴重警示：再不回頭看看《易經》的定數，恐怕自作自受、咎由自取的惡果，已經在劫難逃了！人類的自由十分可貴。為什麼可貴？即在於它具有不避免的侷限性。倘若自由無限，不必加以限制，那還有什麼可貴的呢？宇宙是完整的，也是有限的。世上的一切，都是循序漸進的。六十四卦的次序，可供我們做為參考。

屯卦（䷂）震下坎上，蒙卦（䷃）坎下艮上，需卦（䷄）乾下坎上，訟卦（䷅）坎下乾上，師卦（䷆）坎下坤上，比卦（䷇）坤下坎上。這六個卦，有一個共同點，就是或上或下，都會有一個坎卦（☵）。「坎」代表地上的山川險阻，是人類必須共同面對的現實。有了乾（天）的創造性，要把理想落實，就必須面對坤（地）的山川險阻，接受各種侷限性的考驗。

萬物始生，充滿了潛在的生機力量。屯卦（䷂）出現於乾（䷀）、坤（䷁）之後，象徵地球在大霹靂之後，雷雨滿盈，天地開始生長草木，顯得很不安寧。屯卦（䷂）教導我們：既生為人，就應該明白做人做事的道理，以符合天道（自然規律）的要求。震下坎上，表示陽氣雖足，而前進艱險未卜，必須盡人事以聽天命。唯有早日走上正道，才能不斷成長茁壯。

這樣一來，就要採取嘗試錯誤的方式，以摸著石頭過河的心態，逐漸破除自己的蒙昧，從無知轉為明智。人生本來就是一連串的選擇，必須誠心誠意地接受啟蒙，以理智指導感情，以期做出合理的抉擇。蒙卦（䷃）把屯卦（䷂）顛倒過來，意思是與生俱來的蒙昧，必須逐一消滅。由見微知著，求轉逆為順。

受到合理啟蒙，明白人有需求，卻無法完全得到滿足。因為資源有限，機會不多，但人的欲求往往無限制地擴大。需卦（䷄）告訴我們：必須耐心等待，彼此才能和諧共處。

由於物欲的引誘，我們往往不該要的也要，得到的還要更多，於是互相爭奪有限的資源，挑起口頭爭論，甚至引起訴訟。訟卦（䷅）告訴我們：無論勝訴或敗訴，實際上都是兩敗俱傷。訟卦（䷅）把需卦（䷄）顛倒過來，表示需求無度，必然發生爭訟。非但不能和諧，而且容易引起戰爭。

請教軍師、聚合眾人，師卦（䷆）原本是用來除暴安良，擔任良師益友。卻在人類的歷史上，造成無數次大大小小的戰爭。像是近代第一、第二次世界大戰，更是慘無人道。會不會發生第三次世界大戰？情況又是怎樣？關於這點，真是令人不敢想像。

師卦（䷆）的用意，原本應該是傳道、授業、解惑。化干戈為玉帛，使人類能在和平中共謀發展，才是正道。如果是這樣，那麼上下親和，就有賴於比卦（䷇）的指引。一陽爻居上卦的中位，又是全卦唯一的陽爻。象徵賢明的領導者，大公無私地引導大家在安定中求進步、在和平中求發展。大家同心協力，鞏固領導中心，又能各自發揮潛力。有如水在地中，顯得既親切又和諧，天下自然太平。

以個人來說，明白人身難得，生日實際上就是母難（母親受難）日，終生孝敬父母，這才是每年過生日的真正意義。人生來愚昧，必須接受啟蒙，有時候挨父母一巴掌，也用不著責怪父母，甚至認為是虐待或體罰。啟蒙的老師，對自己一生影響至為重大。年輕時慎選良師，父母也要盡心加以協助。有了知識，按理應該能克制自己的需求，實際上卻是見聞愈廣、欲求愈多。最好能深入探討需卦的主旨，以理智指導自己的需求，以免需求過分而引起訴訟。既不要好為人師，也不能興師動眾，造成社會的不安。慎選良好的領導者，彼此同心協力。在親比和諧的氣氛中，把分內的工作做好。對人對己都十分有利，也才有生活的價值和意義。

對家庭而言，婚姻便是男女雙方家庭生活的開始，剛柔相交，最好能有適當的啟蒙，也就是合理的婚前教育與婚後輔導。雙方的需求，都應該要能自覺、自律、自制，唯有如此，才能享有自由、自主的權利。否則需求過分，彼此難以適應，不免就會訴諸公堂，要求離異。有時還得興師動眾，使雙方家人都不得安寧。家和萬事興，若是家人之間不能親比，最無辜的當然是子女。無論跟著哪一邊，都不會感到愉快。

從國家來看，人口的多寡、優生的條件、教養的環境，都是屯(ㄓㄨㄣ)卦（䷂）坎在外、震在內的範圍。不生男育女，一旦死亡率高於出生率，情況就十分嚴重。人口不斷增加，而資源不足以養育，那就更加危險。透過教育，依蒙卦（䷃）的旨意，由山川險阻，體會世道艱難。教導大家安於小康生活，切勿盲目追求M型社會的畸形發展。大學設置法律系，應該先把需卦（䷄）和訟卦（䷅）的基礎打好，再修習其他。只要師（䷆）、比（䷇）之間，能夠拿捏得恰當合理，自然也就國泰民安了。

依整體人類來看，全球性金融風暴，已經證明了自由必須受到適度的限制、需求應該接受合理的約束。知識經濟，不應該假借市場制度、私有產權、自由貿易的美名，來包裝貪得無厭的營利需求。英國女皇詢問經濟學家：「難道這麼多的經濟學家，就沒有一個看出這麼嚴重的危機？」果真令人面紅耳赤、心驚膽跳，不知何以回應！

二十一世紀的人類，只剩下「和平發展」這條路可走。因此「轉化干戈為玉帛」，已經成為舉世共同努力的目標。我們從人的重要性，尋找師卦（䷆）和比卦（䷇）對當前人類的重大啟示。核子、化學武器，已經發展到足以毀滅全球的地步，人類早就已經喪失戰爭的資格。何況十九世紀英國人證明船堅炮利，並不足以統治世界；二十世紀美國人證實單邊主義，以世界警察自居，也無助於全球化的順利推展。時至今日，我們更應該回歸原點，由師（䷆）、比（䷇）的真諦，向前推到需（䷄）、訟（䷅）的互相牽連。再向前推及屯（䷂）、蒙（䷃）的自然生態。當然，這一切一切的定數，都必須秉持乾（天）的創造性和坤（地）的侷限性。在合理的自由和自主之下，盡人事以聽天命。

師（䷆）憂比（䷇）樂，如何轉化干戈為玉帛，應該是二十一世紀人類共同重視的課題。我們盼望能從自己做起，推己及人，逐漸把這種理念傳佈出去。以期地球村和平發展，人類能夠生生不息。不致在二十一世紀，造成滅絕的惡果！

尚懇各界先進朋友，多所賜教為幸！

曾仕強
劉君政
謹識於台灣師範大學

編者序

《易經》自古即稱作「天人之學」，探討的是「天道演化」及「人事興革」的原理，以及「人」與「自然環境」互動的關係。「卦序」為《易經》六十四卦的排列次序，可分為「上經」與「下經」兩部分。

上經三十卦，始於乾、坤，終於坎、離，講述自然天道運行；下經三十四卦，始於咸、恆，終於既濟、未濟，細數人間愛恨情仇。事實上，《易經》自乾、坤兩卦之後，接續而來的六個卦：屯卦、蒙卦、需卦、訟卦、師卦、比卦，裡頭全部都有「坎」，啟示我們：人皆生於坎險。水裡來、火裡去；水深火熱、火熱水深，這些都是再自然也不過的人生境遇。

本書中，曾教授就「屯卦、蒙卦、需卦、訟卦、師卦、比卦」這六卦的特性深入剖析——屯卦，初生的艱難；蒙卦，啟蒙教育的循循善誘；需卦，密雲不雨的耐心等待；訟卦，司法的人治、法治、德治問題；師卦，轉化干戈為玉帛的智慧；比卦，合眾連盟、親比交心……等等，讓我們明白卦與卦之間，乃是息息相關，具有錯綜交合的連動性。

卦與卦構成外在環境，爻與爻形成內在變化，可謂環環相扣，牽一髮而動全身。《易經》卦象與現今社會、教育、自然環境的種種現象，都能彼此交相呼應。乾剛坤柔、比樂師憂，唯有轉化干戈為玉帛，在和平、和諧中求取發展，才是二十一世紀人類救亡圖存的唯一正道。在讚歎古聖先賢智慧之餘，我們也應該反躬自省，自我勉勵。

「知識可以傳達，智慧卻只能靠自己體會」。人之所以成為萬物之靈，與禽獸之間最大的差異，就在於擁有能夠自主創造的心智力量。這種力量，使得文化與文明的火種得以永續傳承、不斷演化，生生而不息，正如同莊子所云：「窮於為薪，火傳也，不知其盡也」。

曾仕強文化總編輯　陳祈廷

目錄

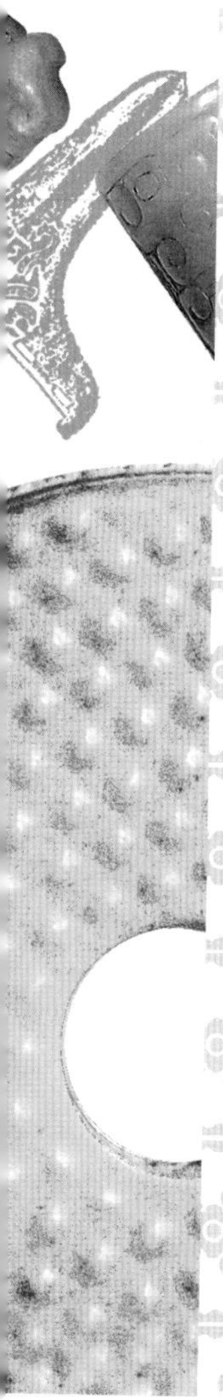

《第一章》

易經
為什麼特重人位？

每一個卦，都是由兩個基本卦重疊而成，
二、五兩爻，分別居於下卦和上卦的人位。

合起來看，三、四兩爻，也居於全卦的人位，
於是二至五爻，全都可以視為居於人位。

六爻之中，有四爻都和人位有關，
用意在強調人在天地之間的重大責任。

影響所及，我們特別重視以人為本，
很難做到像西方人那樣，對事不對人。

同樣是人位，重要性不一樣，
表示各有任務，責任並不相同。

卦卦相連，爻爻互動，
人類社會，果然是牽一髮而動全身。

一、三畫代表天人地的位置

陰（⚋）、陽（⚊）這兩個符號，是不是伏羲氏畫出來的？我們實在不知情，也用不著爭論。他把這兩個簡單的符號，畫成三畫卦，造出天（☰）、地（☷）、水（☵）、火（☲）、風（☴）、雷（☳）、山（☶）、澤（☱），構成大家所熟悉的八卦，實在是十分偉大的貢獻。

一畫開天，不過是開始。陰陽兩儀，表示一切事物兩兩相對。既然相對，應該可以互動。陰陽交易，兩儀生四象。四個象限，分別為老陽（⚌）、少陰（⚍）、老陰（⚏）、少陽（⚎），也很容易推想。倒是發展到三畫卦，便能夠適可而止，不持續朝向四畫卦、五畫卦進行，一定有其道理。我們先看〈繫辭・上傳〉所言：「易有太極，是生兩儀，兩儀生四象，四象生八卦。八卦定吉凶，吉凶生大業。」為什麼八卦能定吉凶？因為「吉」、「凶」是人處事或「失」或「得」的象徵。人生活在天地之間，受到八卦互相激盪推移的影響。八卦以天、地為代表，人生於其中，與天地合一，根本不可能分離。若是有天有地卻無人，至少對人來說，是不存在的，或者是沒有意義、沒有價值的。有天有地也有人，人的創造力，才會有著力點，人性的光輝，也才得以發揚。

「乾元」代表先天的元氣，「坤元」提供生育的胚胎，「人元」能夠大有作為。天地人一體，逐漸形成「天地人三才」的概念。三畫卦由下往上算，始爻為地，壯爻為人，究爻為天。三畫卦因天、人、地三才俱全而打住，後來由於天、人、地各有陰陽變化，因此各添一爻，組成六畫卦，也就是「重卦」。這樣的演變，順乎自然，符合《易經》的原則。三畫象徵天、人、地，十分合理。

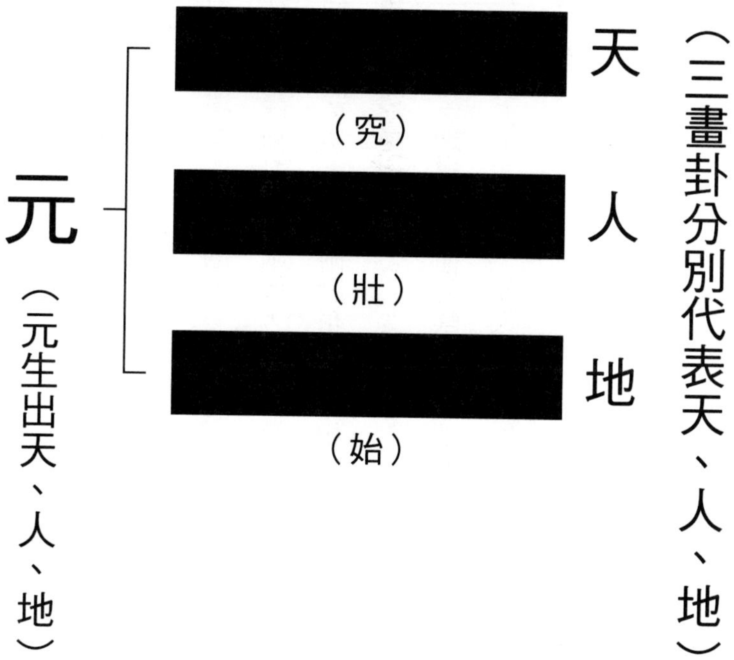
天
（究）
元
人
（壯）
地
（始）
（元生出天、人、地）
（三畫卦分別代表天、人、地）

二、成卦表示天道人道地道

如果把天（☰）、地（☷）、水（☵）、火（☲）、雷（☳）、風（☴）、山（☶）、澤（☱）這八個卦當做原卦，每兩個卦重疊，配合成一個卦，就叫做「成卦」。為什麼要兩卦重疊成一個卦呢？因為《易經》認為「天下之動，貞夫一者也」——天下萬事萬物的一切活動，都來自太極，也就是這裡所說的「一」。然而這個「一」，並不是單純的一，而是內涵「陰」和「陽」的一，也就是我們常說的「道」。太極的「一」，是合陰陽為一，亦即合二為一的「一」。可以分而為正反相對待的兩儀，便是一分為二。陽（⚊）代表正向，陰（⚋）代表反向。陰陽象徵太極中兩股相對待，相吸收、相抵制、相平衡、相補救、相維繫、相發展的交感作用。

我們說「一陰一陽之謂道」，便是陰陽交感造成萬事萬物的次序和歷程。原卦一共三畫，分別代表天、人、地。而天、人、地各有陰陽的變化，譬如天道有白天、晚上，人道有男性、女性，地道也有海洋、陸地。三畫卦不夠用，兩兩相重成為六爻。每兩爻合為一位，由下而上，初、二兩爻代表地道的剛柔；三、四兩爻代表人道的仁義；五、上兩爻則代表天道的陰陽。上下兩卦，又稱為外卦和內卦，分別代表乾和坤。天道為精神，地道為物質；人道的上爻為精神，下爻為物質。人處於天道和地道之中，上半身重精神，下半身重物質。天道經由人的上半身，來到人間；又透過人的下半身，和地道相通。這樣的人，才得以參贊天地的化育，成為頂天立地的人。有精神也有物質，有陰也有陽，兩者合而為一，莊子把它叫做「至一」。

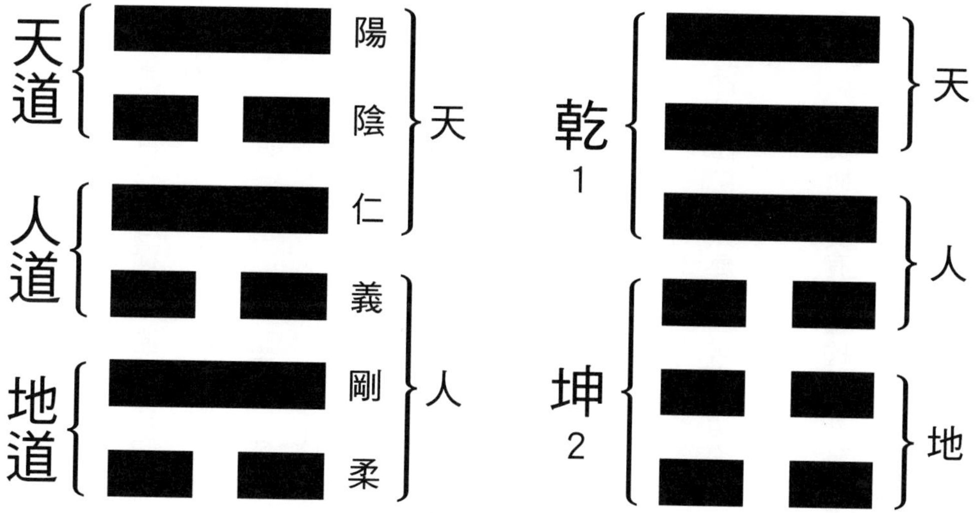
天道
人道
地道
陽
陰
仁
義
剛
柔
天
人
乾
1
坤
2
天
人
地

三、玩味爻辭特重中間四爻

太極是宇宙的開始，所以是「一」，但它內涵陰、陽，因此為「兩」。「一」代表綜合，「兩」代表分析。只有綜合卻缺乏精密的分析，必然見林不見樹，籠統而不夠細膩；只能分析卻無法綜合，流於見樹不見林，支離破碎而難以整合。「至」的意思是窮盡、到頭，也就是極點。由一分為二，再由二合為一，才能見樹又見林。「至二」，便是「一」加「兩」，所以叫做「參」，也就是「三」。「一」是見山是山，見水是水；「兩」即見山不是山，見水不是水；到了「三」，才是真正的見山是山，見水是水。唯有到達這樣的地步，才能夠參贊天地的化育。我們常說的「一而二、二而一」，便是這樣的變化。

「至」的功課，是人應該做的。〈繫辭・下傳〉說：「若夫雜物撰德，辨是與非，則非其中爻不備。噫！亦要存亡吉凶，則居可知矣！」倘若想要透過錯綜複雜的物象，來撰述陰陽的德性，來分辨是非得失，除非把六爻中間的四爻弄清楚，參悟其中的道理，否則恐怕很難獲得全面性的理解。只要瞭解中間四爻的變化，有關事物存亡吉凶的可能性，就算是平日居住在家裡，也可以足不出戶而知天下事了。

「二多譽，四多懼」，二爻與四爻有同樣的功能，卻居於不一樣的爻位。二爻居下卦之中，多有稱譽；四爻因為靠近五爻，通常多所憂懼。「三多凶，五多功」，也要看是陰爻或陽爻。一般來說，陰爻出於三、五的爻位，大多將有危險；而陽爻居於三、五的爻位，通常都能勝任而吉祥。但是有常態就有例外，所以玩味爻辭，也應該以卦象和卦辭為依據。

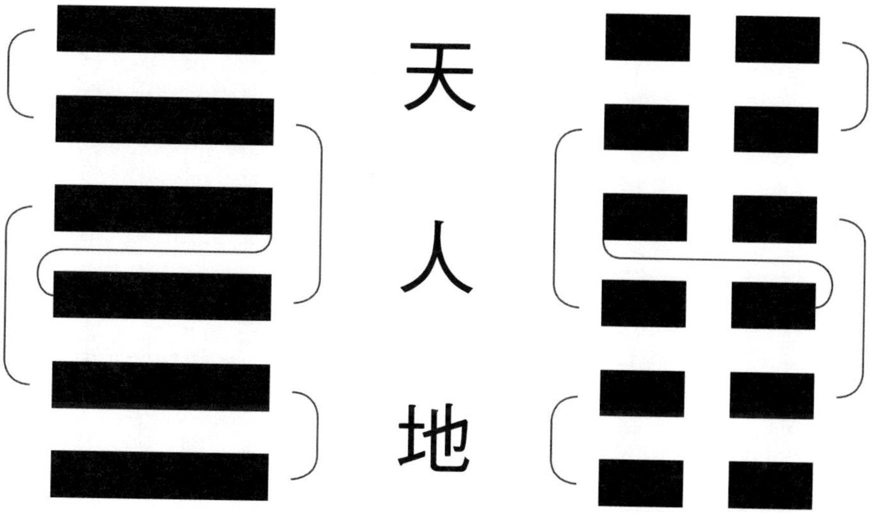

乾陽由下而上，由初、二而四、三到五、上。

坤陰自上而下，由上、五而三、四到二、初。

天人地六爻往復，周流六虛，上下無常，剛柔相易。

四、重視人位加強人的責任

每一卦六位，初、二兩爻為地位；三、四兩爻為人位；而五、上兩爻則為天位。初、三、五為陽位，二、四、上為陰位。凡陽爻居於初、三、五爻，都稱為「當位」。若陰爻居陽位，即為「不當位」。凡陰爻居二、四、上位為當位。若陽爻居陰位，同樣是「不當位」。「位」是虛的，「爻」才是實的。陰爻或陽爻，都可以出現在一卦的任何一爻，所以說「周流六虛，上下无常」。

六十四卦當中，只有既濟卦（䷾）六爻都當位；也只有未濟卦（䷿），六爻都不當位。由於六爻往復，在人位的中爻（六爻以三、四兩爻為中爻）回轉。倘若以二、三、四爻為下卦，而以三、四、五爻為上卦，便成為「互卦」。既濟卦的互卦，即為未濟卦；而未濟卦的互卦，就是既濟卦。所以說「既濟中有未濟，而未濟中也有既濟」。

互卦也可以上、下分開來看，稱為上互、下互。既濟卦上互為離，下互為坎；未濟卦則剛好相反，上互坎下互離。坎卦（䷜）上互艮下互震，離卦（䷝）上互兌下互巽。泰卦（䷊）上互震下互兌，否卦（䷋）上互巽下互艮。

六畫卦以基本卦（乾、坤、坎、離、震、巽、艮、兌）兩卦合成一卦。每一卦的二至四爻，三至五爻，又見兩個基本卦包含在內，都牽涉到二至五爻四個中爻，統稱為「互卦」。二、五爻分居下卦和上卦的人位；三、四爻又是全卦的人位。也就是說二至五位都是人位，其用意在加強人的責任。玩味爻辭時，必須從人的責任方面多加體會。《易經》以人為本的概念，使得我們凡事以人為中心，不像西方那樣對事不對人。

中爻的十六種變化

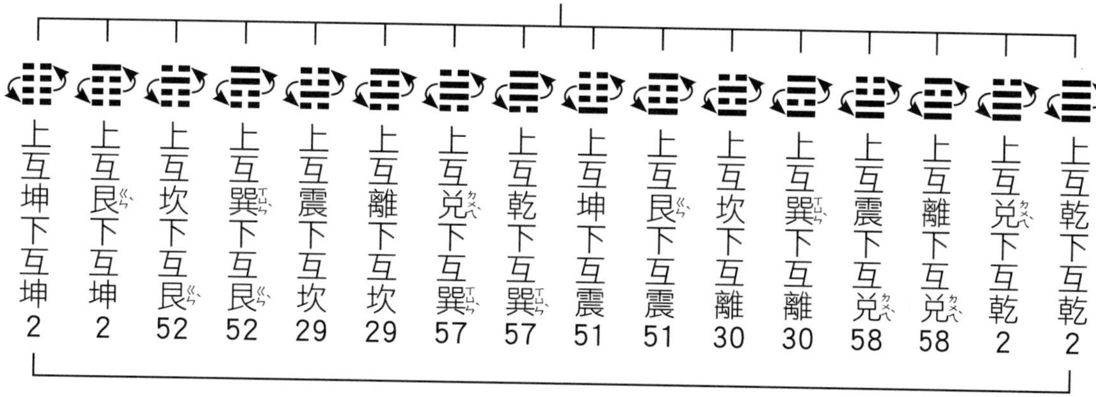

都由八個基本卦所組成

五、相關的卦最好合起來看

師卦（䷆）下坎上坤，由坤和坎兩個基本卦組合而成，分別成為「上卦」和「下卦」，也稱為「外卦」和「內卦」。從卦象來看，地中有水，表示地中的水比地面上多。古代寓兵於民，平時大家耕種務農。遇到國家有難，便聚集成軍，效命疆場。地中原本水就很多，所以引申為「民眾」。大象傳說：「地中有水，師，君子以容民畜眾。」不說「地下」而說「地中」，含有「畜養」的意思。要求人民為國家犧牲，平日就必須重視養民。

坤為順、坎為險。師卦是用兵、戰爭、動干戈的道理。人民參與征戰，是十分危險的事情。用兵之道，必須設法使人民能夠順利度過危險，也就是安不忘危、克敵致勝。外順內險，象徵表面上很平靜，但實際上卻十分凶險。在戰爭尚未開打之前，表現出風雨中的寧靜；一旦開戰，槍砲不認人。特別是現代科技發達，各種毀滅性武器的問世，使得戰爭更加慘烈。

全卦只有一陽，居下卦的中位。象徵統率大軍的將領，與六五相應，獲得信任與支持。五陰爻都聽命於一陽爻，表示戰爭時期，情況非常特殊。一將統兵，舉國上下都應該全力配合，堅強地團結起來，才會有致勝的把握。

一陽若是在九五的尊位，就成為比卦（䷇）。下坤上坎，水地比。平日以君王為親比的對象，萬眾一心。戰時則接受指揮官的號令，步伐一致。平時顯得和樂，戰時無不憂心。比樂師憂，剛好是相反的景象。比卦顛倒過來，便是師卦。兩卦互為綜卦，一為地上有水（比），一為地中有水（師）。兩卦合在一起看，會更容易瞭解其中的道理。

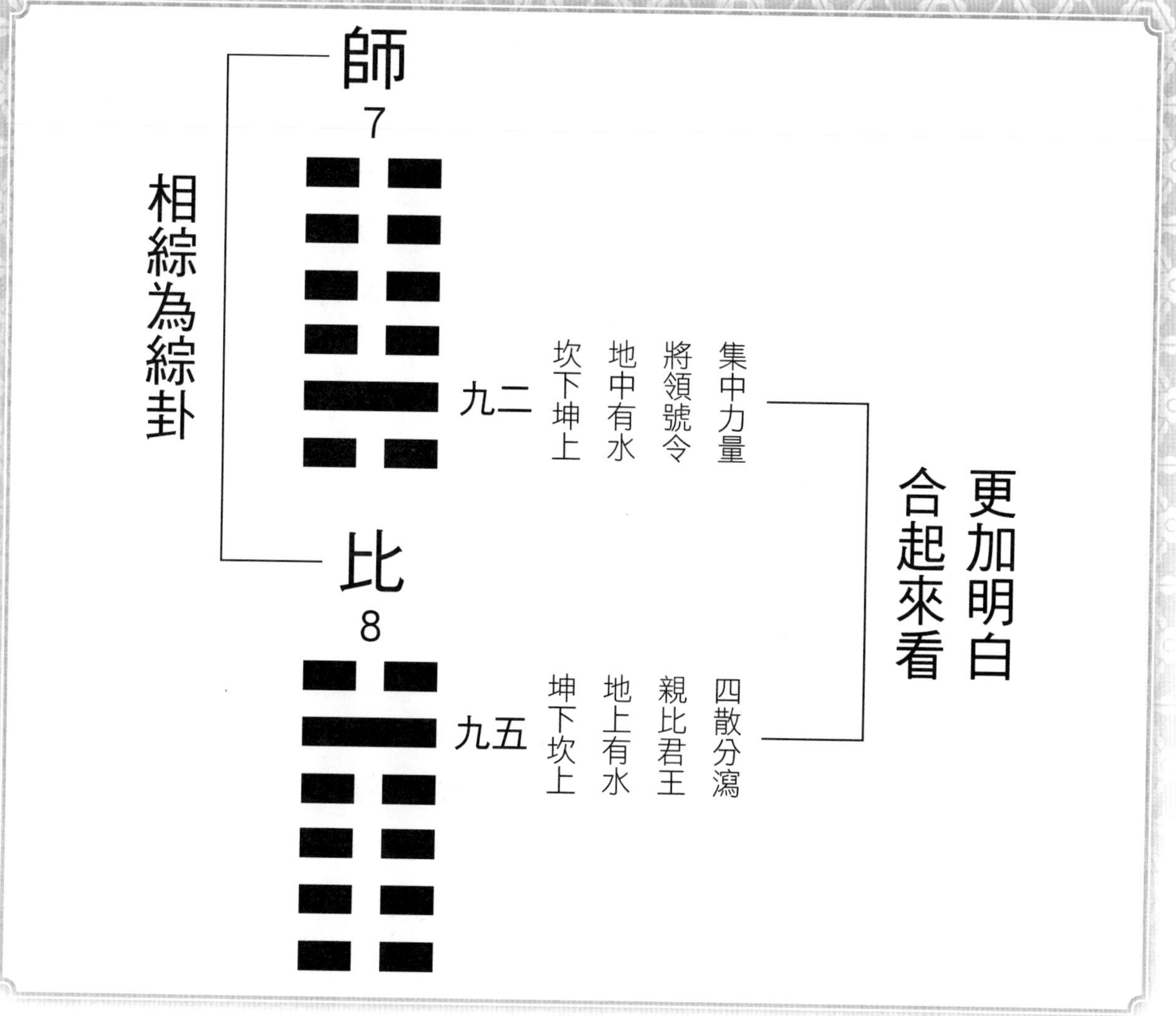
師
7
相綜為綜卦
九二
集中力量
將領號令
地中有水
坎下坤上
比
8
九五
四散分瀉
親比君王
地上有水
坤下坎上
更加明白
合起來看

六、卦卦相連牽一髮動全身

師卦（䷆）和比卦（䷇）連在一起，師先比後。同樣是戰爭，君王的心態，成為重要的關鍵。師卦以坤柔為上卦，君王是六五，表示愛好和平，不得已才戰爭。戰後大家團結一致，中心點由將領移向君王，這就是比卦（䷇），象徵將領沒有私心，更沒有野心。不致趁機奪權，甚至於造反。倘若君王不信任將領，自己也表現得十分剛健，師卦（䷆）的六五變成九五，那就成為坎卦（䷜），內險外險，人民陷入重險，豈有安寧之日？將領平日過分剛強，比卦（䷇）的六二變成九二，也就成為坎卦（䷜），君王和人民，恐怕都要不得安寧。一爻變，全卦就跟著改變，不可不慎。

為什麼戰爭？我們看師卦的前面一卦，應該就是出師的前因，那就是訟卦（䷅）。「訟」表示訴訟，原本只是口頭爭吵，一旦到了無法解決的地步，那就不免要大動干戈了。所以爭訟最好加以化解，才能避免戰爭的危機。

為了什麼原因訴訟，以致於引發戰爭呢？我們看訟卦的前一卦，也就是需卦（䷄），人人會有不同的需求，也會有相同的需要。當供不應求之際，很容易引發訴訟。所以說，需求的欲望，必須加以合理節制，才能免訟。需求的欲望，人人俱有，供需又很難平衡，勢必經常引起訴訟。鬧得不可收拾時，又要大動干戈……這樣下去，是不是沒完沒了，大家都要面對殘酷的戰爭而永不休止呢？我們再向前看，需卦的前一卦是蒙卦（䷃）。人生下來，需要明師啟蒙，施以正確的教育。由此可見，教育是轉化干戈為玉帛的根本。《易經》的全系統概念，可以從卦卦相連，彼此息息相關，看出其密切的關聯性。卦與卦構成外在環境，爻與爻形成內在的變化，豈不是牽一髮而動全身呢？

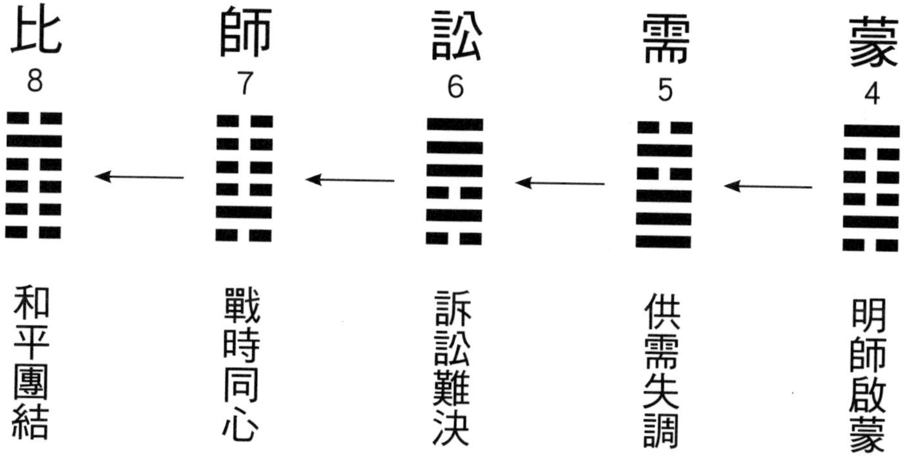
蒙
4
明師啟蒙
需
5
供需失調
訟
6
訴訟難決
師
7
戰時同心
比
8
和平團結

我們的建議

1 我們常說「無三不成禮」，又認為「有一必有二，有二就有三」，遇到事情時喜歡用「三分法」來進行區分，這些都是受到「三畫卦」的影響。看出天地之間，可以大分為「天、人、地」三才。

2 「初爻難知」，象徵地下的蘊藏，眼睛看不見。究竟藏有多少東西，實在很難知。「上爻易知」，抬頭仰望蒼天，晴、雨、偶而多雲，大多能夠看出大概，所以說「易知」。實際上居高位的人，大家看得清楚；對於年輕人，卻反而難知。

3 易卦的次序，有時表示事態發展的次序。人生下來就需要啟蒙，所以屯(ㄓㄨㄣ)卦（䷂）之後為蒙卦（䷃）。啟蒙之後，產生很多正當或不正當的需求，便是需卦（䷄）。供需失調容易引起訴訟，形成訟卦（䷅）。爭訟不休往往大動干戈，於是出現師卦（䷆）。卦卦相連，彼此關係至為密切。

4 除了初爻和上爻之外，其餘四爻，都當做人位看待。提醒我們：天地間的事務以人為本。人要盡最大的責任，促使天地萬物生生不息，而非趨於滅亡。

5 人位四爻，又各有重點。師卦以九二為主，比卦以九五為主。同樣是人位，也可陰可陽，以當陽則陽、當陰則陰為宜。但一般而言，九五和六二的配合，會更為妥當。

6 如何「轉化干戈為玉帛」，是學習《易經》的重大課題之一。我們最好是透過與師卦相關的各卦，逐一加以分析，期望能從日常生活做起，達到轉化干戈為玉帛的目標！

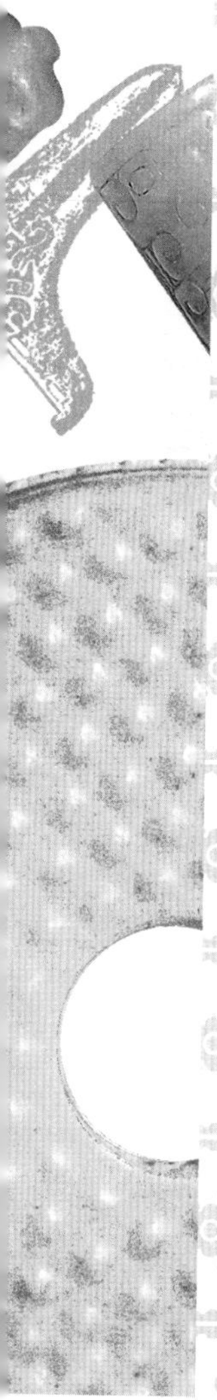

《第二章》

師卦六爻
有什麼啟示？

師卦的要旨，在聚合眾人的意志，
出師動眾，必須紀律嚴明，否則必凶。

千軍容易得，一將最難求，
主將在外，甚至君命也有所不受。

指揮若定，還需要有高明的軍師，
若是亂出主意，貪功躁進，必遭慘敗。

當進則進，不該進就要退，
勝負是兵家常事，必須待時而動。

賢明君王，出仁義之師，為正義而戰，
信任主將，隨時保持貞正，以防凶險。

獲得勝利時，要論功行賞，
小人勿用，才不致日後又陷入危亂。

一、初六失律之軍其凶可知

師卦（䷆）卦辭說：「師貞，丈人吉，无咎」。

興師動眾，必須要有愛好和平的六五，仗義興師，做為大眾的良好導師。需要有受過訓練、嚴守紀律的師眾，指揮若定而又忠心耿耿的將領，以及精通兵法的軍師。這些條件，都是為了用兵打仗，所以稱為師卦。坎下坤上，象徵以兵不厭詐的險道，來統率名正言順的義師。師卦的本德，源於坤卦。「師貞」的意思，便是「利牝（ㄆㄧㄣˋ）馬之貞」。乾卦的九二，進入坤卦，就構成師卦。九二剛健，是優良的將領，卻應該順從六五的旨意，完成重大的和平任務。戰爭是為了和平，干戈必須轉為玉帛。「丈人」指有德有壽的長者，能以正道行事。師卦的丈人，指的是九二，能領導軍民，又能獲得君王的信任，當然吉祥而沒有過失。

初六爻辭：「師出以律，否（ㄆㄧˇ）臧（ㄗㄤ）凶。」小象說：「師出以律，失律凶也。」初六陰居陽位，不當位，象徵兵眾初出，就有不遵守紀律的現象，所以很容易招致凶險。《易經》的師卦，告訴我們用兵是不得已的事情。只有在非戰不可的情況下，才能夠出動義師。而一經出動，就必須嚴守紀律，不擾民、不違紀。「律」是律法、紀律，「師出以律」，即為出兵要有紀律。九二、六三、六四互震，有「出動」的意思。「否（ㄆㄧˇ）臧（ㄗㄤ）」為不善，初六與六四不相應，有不善的可能，容易因為不守紀律而招致凶險。

將領的要求，倘若不能貫徹，士兵就容易受到外界誘惑，做出違紀或擾民的行為，產生嚴重的不良後果。所以出師之先，必須紀律嚴明，秋毫不犯。

師 ䷆ 7

初六，師出以律，否ㄆㄧˇ藏ㄗㄤ凶。

是軍隊編制的單位，介於軍和旅之間。師卦的師，並不指老師或法師，而是指出師，也就是聚集眾人，大動干戈。九二是師卦的唯一陽爻，顯然是主將。初六是最先出動的士兵，所以特別重視紀律。出師若不能紀律嚴明，士兵就會擾民，甚至於趁機破壞社會秩序，必將招致凶險。

出師必須紀律嚴明，否則將有凶險。

二。九二為將領得六五信任

師卦象(ㄊㄨㄢˋ)傳說：「師，眾也；貞，正也。能以眾正，可以王(ㄨㄤˋ)矣。剛中而應，行險而順，以此毒天下，而民從之，吉又何咎矣！」充分說明了師卦的卦辭和卦象，以及應該堅守正道以用兵的道理。古人十分重視正名，對於卦名自必要求名實相符。師卦下坎上坤，象徵地中有水。地中的水遠比地上為多，所以說「師」就是「眾」。「貞」為堅守正道，為求取和平而戰爭。九二是全卦唯一的陽爻，位於下卦中位。象徵大人居下位獲得民心，能夠導正群眾，實在有王者的氣度。陽剛居中，又與六五正應，行險而順利。「毒」的意思是役使。憑著這樣的修養，就算役使民眾，大家也樂於順從。用來指揮三軍，當然吉祥而沒有過失。

九二爻辭：「在師，中吉，无咎，王三錫命」。

「在師」的意思是統率軍隊，「中吉」即秉持中道而無所偏失，必能吉祥。「三」是多，「錫」為給予。「王三錫命」，表示六五充分信任，多次給予重大任務，因為九二不會帶來禍害。

小象說：「在師中吉，承天寵也；王三錫命，懷萬邦也」。

「天」指天道的六五，「天寵」便是六五對九二的寵愛有加。「懷萬邦」是使萬國人民心悅誠服，紛紛來朝。九二以中道統率軍隊，獲得六五的寵愛，再三給予重大使命，使各國人民近悅遠來，促成世界和平。將領的功勞再大，也要感念君王給予報效國家的機會，同時善於體會君王發動義師的本意，並不在於侵略他國，而是要能促進世界和平。因此以戰止戰，早日完成和平的任務，才是統率師眾的正道。

師 ䷆
7

九二，在師，中吉，无咎，王三錫命。

千軍易得，一將難求。師卦以坤卦為體，引來乾卦的九二，賦予重大的任務。九二為主將，必須持中不偏，才能獲得六五的信任，發揮強將手下無弱兵的效果，促使初六嚴守紀律。全卦五陰爻，都全力配合九二，意志集中，力量集中，自然吉祥無咎。倘若不能如此，那就有咎了。

將在外，君命有所不受，自身必須持中不偏。

三。六三自不量力乘剛必敗

師卦大象說：「地中有水，師，君子以容民畜眾」。

地中有水，象徵大地畜存很多水源，以供人類飲用。戰爭使很多人犧牲，讓人想到平日要容民畜眾的道理。「容民」是育民愛民，「畜眾」為養育群眾，合起來便是「容民畜眾」。古人說：「養兵千日，用在一朝」，平時務必體會「地中有水」的道理，教民、育民、愛民。如此一來，當國家有所需要時，人民才會勇於為國捐軀。

六三爻辭說：「師或輿尸，凶」。「師」為出兵作戰。六三位於上、下兩卦之間，可進可退，有「或」的可能。「輿」是車，「尸」指戰死的屍體。「輿尸」即用車載運六三的屍體。六三以陰爻居陽位，有不自量力的感覺。位於九二之上，以柔乘剛，又與上六不能相應，出師不利而陣亡，所以凶。倘若九二為「丈人」（有德有壽的長者）吉，六三當為「非丈人」凶。提醒我們：師卦下坎上坤，坎為險，所以凶險大多集中在下卦。大部分戰役，都應該由九二統率三軍出戰。除非十分必要，才是由君王御駕親征。初六陰居陽位，象徵初生之犢，很容易輕舉妄動，違反紀律而招致凶險。六三同樣以陰爻居陽位，屬不當位，似乎是「非丈人」。缺乏作戰能力，又不聽從九二指揮，很容易陣亡，當然凶險。

小象說：「師或輿尸，大无功也」。九二的表現，分明是大有功。六三的表現，卻是大无功。《易經》通例「二多譽，三多凶」，果然如此！下卦三爻，唯獨九二「吉，无咎」，表示居中為吉，也象徵指揮必須統一。上有信任的君王，下有聽命的官兵。意志集中、力量集中，才能旗開得勝、凱旋而歸。

師 7 ䷆ 六三，師或輿ㄩˊ尸ㄕ，凶。

六三很可能是軍師，小心以柔乘剛，造成凶險。師出有名而且指揮若定，還需要仰賴高明的軍師。倘若貪功躁進，使兵眾用車來載著屍體歸來，那就十分凶險了！戰死沙場，原本是將士為國捐軀的光榮，但是不到最後關頭，不應該做出無謂的犧牲。平時寓兵於農，戰後也要解甲歸田。軍師的任務，在保存實力，以備戰後的建設。

不宜窮兵黷武，必須穩紮穩打，立於不敗之地。

四．六四不能克敵全師退守

六四爻辭：「師左次，无咎」。

「左次」是撤退的意思，軍隊打仗時，不喜歡說「撤退」，以免消極、不利，也不吉祥。所以我們說「轉進」，轉一個方向，繼續前進。六四以陰爻居陰位，是當位的爻。陰主退，所以就算不能克敵致勝，若是能夠及時轉進，保持實力，仍然可以无咎。

小象說：「左次无咎，未失常也」。

勝敗乃兵家常事，用兵之道，也講求當進則進、應退即退。六四全師退守，總比六三裹屍而回還要有利。戰死沙場，是戰士的榮耀，但是不到最後關頭，仍然不能輕言犧牲。「留得青山在，不怕沒柴燒」，把寶貴的性命留下來，繼續作戰，才能完成艱鉅的任務。

六三不當位，所以凶；六四當位，所以无咎。那麼九二以陽爻居陰位，明明不當位，為什麼還能「吉，无咎」呢？原來《易經》的道理，在教人走正道、守中道。不論身居何處，立於什麼位置，只要秉持中道而行，大致都能安然無事。師卦的六五，同樣不當位，卻由於守中道而得以无咎。六四的位置，在上（坤）卦的初爻，能順著六五的旨意，以戰止戰，而不是窮兵黷武。興兵作戰時，仍不忘順利通過危險的原則。六三貪功冒進，六四卻能進退自如、保全實力，所以說「未失常」，不失用兵的常道，當然无咎。該不該進？應不應退？必須以公正無私的態度，才能讓人心服口服。否則將會爭功諉過，導致無謂的傷害。戰爭是非不得已才為之的，更應該秉持正道，以求所向無敵，完成任務。

師 ䷆ 7

六四，師左次，无咎。

六四應該是監軍，負責前線和後方的連繫工作。必要時改變方向，待時而動。抱持「勝敗乃兵家常事」的心態，為了最後的勝利，有時候見難而退，也是一種明智的選擇，不應該為了取悅六五，堅持前進，更不能向六五進讒，說九二的壞話，以免破壞內部的團結。能夠堅持這些原則，才能无咎。

加強內外溝通，增強上下的信心。

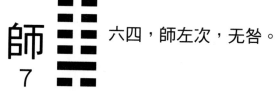

五、六五愛好和平被迫用師

六五爻辭：「田有禽，利執；言，无咎。長子帥師，弟子輿尸，貞凶。」小象說：「長子帥師，以中行也；弟子輿尸，使不當也。」六五的主要責任，在於決定是否發動戰爭，並慎擇主將。「師」有教導的意思，六五對於聖賢之道、用將之道，要先理解貫通，才會有足夠的能力，來決定是和是戰，以及指派主將。

六五陰居陽位，原本失位，所以必須堅守中道，大公無私，才能獲得无咎。六五柔順而居中，象徵用兵並非出於自己的意思，而是敵人再三逼迫，部眾紛紛請求應戰，或是為了達成和平的目標，所以不得不發起正當的義師。好比田野裡出現禽獸，對田野造成禍害，自非果斷出擊，加以捕獲或驅除不可。「言」是大家閒言閒語，「利執」為捕捉禽獸對田野有利。濫殺禽獸，當然不是人所應為。但是為了維護田野，以利眾生安全，所以不得不對入侵的禽獸加以捕捉，即使有人閒言閒語，也不必受其影響，自然无咎。「長子」和「弟子」，並不限於自家人，而是六五所瞭解，而且信得過的人。「長子」指品德良好、謹守正道、有作戰能力與經驗的人；「弟子」即才能不足、經驗欠缺或品德修養有待加強的人。六五指派「長子」出任三軍指揮官，可說是師出有名、用人得當。若是選錯了，以「弟子」為主將，那就準備用車裝載屍體，全軍覆沒、大敗而回。「貞」、「凶」是反義詞，表示九二長子能秉中道而行，任命為主將，可以貞吉；六三弟子貪功躁進，必敗無疑，所以凶險。

戰爭的結果是「貞」是「凶」，取決於六五出師的正當性。此外，六五的充分信任與九二的完全勝任，也是勝敗關鍵所在，必須慎重為之。

師 ䷆ 7

六五，田有禽，利執；言，无咎。
長子帥師，弟子輿ㄩˊ尸ㄕ。貞凶。

要不要興師出兵？只有六五可以做出決定。指派勝任的將領也是六五的責任。師出有名，具有充分的正當性，才能夠下令興師作戰。選擇將領，有「長子」也有「弟子」，並不限於自家人，卻務必明辨其勝任與否？值不值得信任？選擇正確，勝利在望，貞吉。倘若選錯主將，急功冒進，那就必敗無疑，凶險！

決定征戰，慎選主將，是君王的主要任務。

六．上六用兵之後勿用小人

上六陰居陰位，是當位的爻。位於師卦的終位，表示上坤的柔順，已經來到極點。若是不夠用心處理戰後的事宜，就會引起「龍戰于野，其血玄黃」的可怕後果。

六五是君王，上六便是國之大老、朝廷的元老。對於戰爭的發動和過程，必須瞭若指掌，才是關心國事的表現。戰後最要緊的論功行賞，也應該提出若干高見，以供君王參考。只要大功無私，就不怕承受干預朝政的罪名。

上六爻辭：「大君有命，開國承家，小人勿用」。

「大君」指六五，上六只能建議，不能決定。一切論功行賞，都由六五發佈命令。「開國」指戰功特殊的封為諸侯，相當於開闢新邦。「承家」是承擔大夫的職位，以輔佐諸侯。無論封侯或委任大夫職務，都必須堅守一個原則，那就是「小人勿用」。任用品德不良的小人擔當重任，必有禍患，不可不防。

小象說：「大君有命，以正功也；小人勿用，必亂邦也」。

「正」是評定的意思，戰後論功行賞，將來必要時號召眾人，才具有公信力。論功行賞務必公正，所以評定的過程必須十分嚴謹。大老在這一方面，應該盡心盡力輔佐。「小人勿用」是不能改變的鐵律。有時為了避免國家淪亡，起用品德不佳的將領，屬於情非得已的特殊狀況。戰後對這些人必須格外提防，只能多給錢財，不能派充實職。以免日後作奸犯科，引起禍亂。那時要再加以整肅，難免過河拆橋，有殺戮功臣的嫌疑。「小人勿用」，不論古往今來，都是用人的不二法門，千萬不可以掉以輕心。

師 7

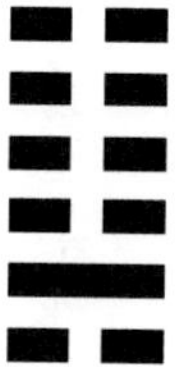

上六，大君有命，開國承家，小人勿用。

上六是大老，對六五有建議的責任。對於戰爭的發動和過程，必須全盤瞭解，才是關心國家大事的表現。戰爭結束時，對論功行賞的大事，要有公正無私的建議，以分擔六五的責任。至少經過多人的商議，對於小人勿用的堅持，應該比較容易獲得大家的支持。小人也不敢趁機作亂，有助於社會的安定。

論功行賞必須公正，切記小人勿用。

我們的建議

1 「干戈」指古代打仗時所用的盾牌和茅戟ㄐㄧˇ,也就是現代的武器,後來引申為戰亂或爭鬥,稱為「大動干戈」。過問別人的事情,不過是「干預」。強行過問,就成為「干涉」。若是妨礙或擾亂,那就是「干擾」。這些行為,都和「干戈」有關。

2 「玉」是一種硬度大且光亮美麗的石頭,「帛」為絲織物。「玉帛」即是端玉和絲帛的合稱,古代用做祭祀、會盟時的珍貴禮物。「化干戈為玉帛」,即是以和平取代戰爭。

3 師卦的要義,在除暴安良。對於興兵出師,必須具有高度正當性。六五爻辭特別提出「貞」、「凶」兩種不同的結果,供大家做為參考。啟示我們:可以為正義而戰,不應該窮兵黷武。

4 戰爭是非常手段,只能用於非常時期。師卦六五不當位,卻有決定出戰與否,以及選擇將領的大權。九二不當位,也能夠以一陽而統率五陰,都是秉持正道的緣故。若非如此,恐怕都將引起禍亂,必須妥為處置。

5 小人不能重用,是千古鐵律。若是在戰爭中不得已引用,戰後論功行賞時,就只能多給財物,不能賦予實權。否則日久生亂,那時再來整肅,難免有殺戮功臣的嫌疑,對國君更為不利。

6 大老闆關心國家大事,就應該適時為六五分憂分勞。論功行賞時,一方面提出公正的建議,一方面也為六五分擔責任。但是無論如何,只能由六五決定和公佈命令。

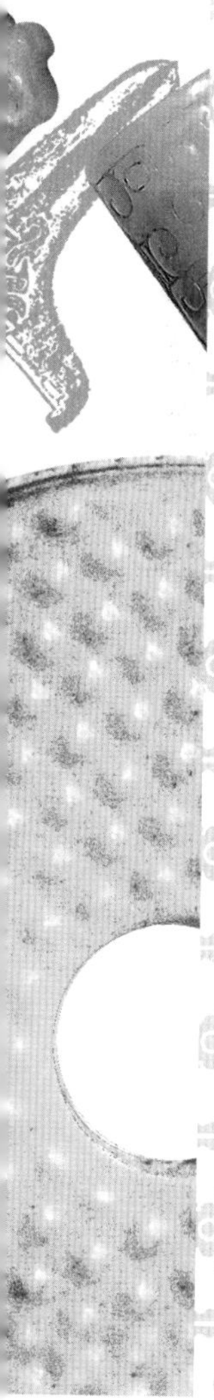

《第三章》

比卦六爻
有什麼啟示？

「比」是親近、親比的意思，
現代社會稱之為「交心」。

心交給誰？這是最重要的問題，
若是找錯對象，便違反了親比的原則。

自己講求誠信，又把心交給應該親比的人，
這樣的交心，當然會有意想不到的良好效果。

否則「比之匪人」，交錯了對象，
吃虧上當，豈不十分傷悲？

上坎是比的對象，具有相當的危險性，
下坤要順，表示既然要親比，就應該誠信。

及時交心給合適的人選，才能產生組織力，
若是不能及早親比，後來者較為凶險，不可不慎。

一、初六出於真誠無不親比

「比」的意思是親比，表示彼此之間，保持合理的和諧。親密相依、友好相處，卻也不能違反親比的原則。比卦（䷇）卦辭：「比，吉。原筮，元永貞，无咎。不寧方來，後夫凶。」古代五家為一比，設有比長，因此稱鄰居為比鄰，有親近的意思。「原筮」指選擇親比對象的過程，「原」為推求，「筮」即抉擇。比卦坤下坎上，九五和六二相應，為上下親比的吉象。但是良禽擇木而棲，賢臣擇主而事。親比的對象，必須具有元大的度量、永久的恆心，以及合理的操守，才能无咎。領導者若能像比卦的九五，得中且正，發揚元大、恆久、合理情操的美德，其餘五爻，自然都會前來親比。不但是有志人士，甚至那些心中難以安寧的人，也會從各方前來親近，所以說「不寧方來」。「後夫」指後來者，由於大家爭先親比，有時難以容納後來者，因此有凶的可能。

初六爻辭：「有孚比之，无咎。有孚盈缶，終來有它吉。」「有孚」為心懷誠信，「之」即九五。既然領導者「元永貞」，就應該懷著誠信的心情，前來親比，才能无咎。「盈」是充滿，「缶」為瓦器。比卦坤下坎上，坤為土，看起來像瓦缶。上卦的坎水，充滿了瓦缶，瓦缶接滿了雨水，最終必然獲得意外的吉慶，所以說「終來有它吉」。小象說：「比之初六，有它吉也。」初六是比卦的開始，以「有孚」（誠信）為原則，當然是慎始。比卦地上有水，水向下潤，地能載水，上下誠信親比，彼此互信互助，必將獲得想像不到的吉慶。慎始才能善終，利他也能利己，這是親比的基本原則，不可違背。

比 ䷇ 8

初六，有孚比之，无咎。有孚盈缶，終來有它吉。

比的意思是親近、親比。表示彼此之間，保持合理的和諧。然而親比的原則，是彼此互有誠信，從初六開始，就不能違背。有好的領導人，大家就應該懷著誠信的心情，前來親比，才能无咎。好比瓦缶接滿了雨水，積累夠充沛，彼此互信互惠，自然能夠獲得意想不到的吉慶。

出於真誠，是親比的基本原則。

二、六二發自內心不失尊嚴

比卦（䷇）彖辭說：「比，吉也；比，輔也，下順從也。原筮，元永貞，无咎，以剛中也。不寧方來，上下應也。後夫凶，其道窮也。」把卦象和親比的道理，說得十分明白。

人是群居的動物，必須互助互惠，才適於生存。彼此親比，當然是吉祥的象徵。「輔」是輔助，意指在下者能夠順從親近，上下一條心。推求選擇賢明的領導者，以元大的度量、恆久的誠意，以及合理的操守做為條件，才不會產生禍害。比卦九五既中且正，合乎這樣的要求。而其餘五爻，不論是否相應，安寧或不安寧，最好都來親比。因為比卦坤下坎上，最終仍有凶險，遲來親附的人，等到難以容納時，那就凶了。能夠及時親比，才合乎比的要求。

初六的誠信原則，到了六二，果然產生良好的效果。所以六二爻辭說：「比之自內，貞吉。」小象說：「比之自內，不自失也。」這都是因為初六慎始，所以才能凝聚出同心協力的良好效果。「自內」是出自內心的誠信，用這樣的態度來親比，自然正當而吉祥。初六與六四不相應，表示彼此尚未建立互信。六二與九五相應，情況很不相同。但是九五陽剛積極，六二陰柔等待，會不會造成遲遲不肯親比，成為「後夫凶」呢？這就要看六二能不能「不自失」了！討好、奉承九五，固然不合乎誠信的基本原則，以陰爻居下卦之中，卻又遲遲不肯主動親比，恐怕也不是誠信的應有表現。所以不能自己犯了過失還不自知，必須為了公利而奮勇積極，扮演「瓦缶」的角色，來充滿雨水，以便發揮更大的效益。

比 ䷇ 8

六二，比之自內，貞吉。

堅持誠信的原則，慎選親比的對象。這時候必須發自內心的誠信，積極主動表現親比，務求上下一條心，發揮同心協力的整體力量。既有團隊，也要能夠產生堅強的組織力。在不失尊嚴的前提下，主動和上級配合，自然貞吉。

慎選對象，然後全力配合，務求上下一條心。

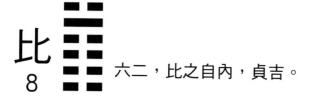

三、六三所比非人實在可悲

比卦（䷇）象辭說：「地上有水，比；先王以建萬國，親諸侯。」把治國、平天下的道理，和比卦連結在一起。

比卦下坤上坎，坤為地，坎為水，所以說「地上有水」。地上的水不容易流失，所借重的就是團體的力量。這時候更需要彼此親比，有如瓦缶（ㄈㄡˇ）一樣，能夠承接雨水，把雨水保留下來。九五一陽居上，其餘五陰親比，象徵古代的帝王，以「元永貞」的美德建立國家，並且分封宗室功臣，成為萬邦。由於自身的誠信，使諸侯都樂於主動親比。分中有合，萬邦成為一國；合中有分，一國分為萬邦，卻能夠上下親比、同心協力。

六三爻辭：「比之匪人。」小象說：「比之匪人，不亦傷乎？」

我們可以把比卦的上坎，當做親比的對象；而下坤，則是象徵前來親比的人。坎為水，水能載舟，同樣也能覆舟。所以慎選親比的對象，成為比卦的前提要件。六三以陰爻居陽位，又與上六不相應，因此提出「比之匪人」的警告。「匪人」便是「非人」，也就是不應該親比的人。做人的基本條件是仁義，不仁不義，便是「非人」，當然不應該親比。「傷」是悲傷的意思。有誠信的心情，卻選錯了親比的對象。「比之匪人」，怎能不悲傷？

初六同樣以陰爻居陽位，也與六四不相應，卻因為受到六二的照顧，所以无咎。六三之下是六二，自與九五相應。六三的上面是六四，忙著上承九五，都照顧不了六三，更使六三感到傷悲。比的原則，是自己誠信，並且親比應該親比的對象。六三誠信，卻親比了不應該親比的人。對象出了問題，枉費自己一片誠心，當然傷悲！

比 ䷇ 六三，**比之匪人**。

8

上卦坎水，象徵親比的對象，選錯了就有凶險；下卦坤地，表示親比的人，必須誠信。初六有六二照顧，所以无咎。六二與九五相應，又當位，因此貞吉。六三既不當位，與上六又不相應，「比之匪人」，選錯了交心的對象，實在傷悲。

交心給不合適的人，當然傷悲。

四・六四順承陽剛得遇賢主

比卦（䷇）鼓勵合理的交心，反對違背原則的親比。特別是對人倫的講求，更應該重視，以求上下相應，有主有伴。

古代要求「主從」，以上為主，以下為從；現代社會，可以改成「主伴」，以上為主，而以下為伴。互相尊重，有主也有伴。因為任何事情，總要有主要負起責任的人。

六四是上卦的開始，和九五、上六，都屬於接受比附的對象，也就是被伴的主。然而上卦三爻，乃是以九五為主。六四以陰爻居陰位，為當位，在九五之下，以陰承陽，是良好的態度。所以六四爻辭說：「外比之，貞吉」。《易經》通例，由下向上叫「外」、由上向下為「內」。「外比」便是向上親比九五，只要保持正當的心態，便可獲得吉祥。

任何爻辭，都是有條件的。心態正常，吉祥；心態不正常，那就不吉祥，甚至有可能帶來凶險。舉一反三，在玩賞爻辭時，更是不可或缺的要件。以「陰中有陽、陽中有陰」的原則來加以體會，才能獲得真正的警示，而不至於被誤導。

六四小象說：「外比於賢，以從上也。」「外」為向上，「賢」即九五。既然有幸遇到賢明的領導者，自己最好主動扮演伴隨的角色，順從長上，共同組成堅強的核心團隊。

倘若「外比不賢」，那就不好了！這時候要不要服從長上？必須再作打算。因為六三小象已經說得十分明白：「比之匪人，不亦傷乎？」六四當然不能重蹈覆轍，以免徒自悲傷。上坎既然是比的對象，九五居上卦中位，既中又正，六四便應該主動向上親比，共同擁戴九五，才是合理的態度。

比 ䷇ 8

六四，外比之，貞吉。

比卦下坤上坎，上坎以九五為主，所以六四只是被親比的核心團隊當中的一位伴隨者。這時候向上（也就是向外）比附九五，應該是合理的態度。只要堅守正道，不從中謀取私利，便可獲得吉祥。

鞏固領導中心，組成核心團隊。

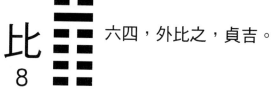

五、九五光明正大顯比之象

比卦（䷇）九五爻辭：「顯比，王用三驅，失前禽，邑人不誡，吉。」小象說：「顯比之吉，位正中也；舍逆取順，失前禽也；邑人不誡，上使中也。」都在說明九五既中且正，是十分明顯的比附對象，鼓勵大家都能積極前來親比。

「顯」是光明正大的意思，九五在全卦中的地位顯著，而且以一陽爻居群陰爻之中，獨自顯得十分光明。在具體的表現方面，我們看到九五在狩獵的時候，只用三面圍網，而網開一面。使健壯能跑的，優先逃離，完全符合汰弱存強的動物優生法則，合乎天道的要求。「失前禽」意指不去追捕逃走的前禽，讓牠們安全逃離，消失在大家的視野。這種恩澤普及禽獸的開明作風，使得居住在皇城附近的老百姓，也覺得九五平易近人、親切愛民，而不心存警戒，有所恐懼。認為九五不致偏愛近臣而傷害百姓，所以吉順。

這種顯比的吉祥，來自九五的光明正大，居中得正。「逆」指不願意前來親比的人，「順」則是願意前來親比的人。九五採取「捨逆取順」的態度，並不加以強制，完全順應自然。好比狩獵時只捕捉跑不動的弱者，卻不追捕跑掉的強者。居住在九五附近的百姓，有了九五這樣良好的表率，也自動採取合理的生活方式，合乎中道的要求，所以心安理得，不必戒慎恐懼。原本百姓所擔心的，是九五心中有所偏愛，不能做到公正合理。現在看到九五的種種表現，便可以安心地加以擁戴了。

有良好品德的領導人，是百姓的福氣。光明正大的九五，不但群臣親比，百姓也樂於擁戴，呈現出一片安樂祥和的氣象。

比 ䷇ 8

九五，顯比，王用三驅，失前禽，邑人不誡，吉。

比附的對象，十分重要。九五居上卦之中，又以陽爻居陽位，因此既中又正，成為明顯的親比對象。我們可以從九五的具體行動中，發現他圍獵時網開一面，符合汰弱留強的狩獵原則。對於逃離的禽獸，並不加以捕捉。於是居住在皇城附近的百姓，對九五的公正合理深具信心，不致心存恐懼，而樂於擁戴効力，呈現出一片安樂祥和的氣象。

開明賢能的領導人，獲得百姓擁戴效力。

六．上六孤立卦外無可親比

比卦（䷇）上六陰居終爻，雖然也被列為親比的對象，卻由於陰爻在陽爻（九五）之上，乘陵在下的陽爻，使人產生「大老」看不起「老大」的不良印象。以致大家都來親比九五，顯得上六孤立卦外，反而無可親比。

上六爻辭說：「比之无首，凶。」小象說：「比之无首，无所終也。」可見比卦卦辭所說的「後夫凶」，即是在指上六。「比之无首」，便是上六不能夠率先領導大家親比九五，因而錯失良機。等到眾人都親比九五，要想回頭時，已經引起大家的反感，為時已晚，所以凶險。「无所終也」，意思是不能獲得良好的結果。比卦下坤上坎，象徵地上有水。上六為水的表面，也就是水的最上層，很容易被蒸發掉，所以彖(ㄊㄨㄢˋ)辭說：「後夫凶，其道窮也。」親比也有道窮的時候，必須及早看清，以免失了時機，使自己遭遇凶險。

君不可以有私心，必須公正對待下坤的初六、六二和六三，所以初六无咎，六二貞吉。六三雖然「比之匪人」，卻也沒有凶險。民不應該有多主，因此上坎三爻，必須以九五為主體。上六以大老自居，卻不能率先親比九五，當然凶險。由於「无首」，不能做好榜樣，以致「无所終」，不能獲得好結果，這是上六自作自受，怪不得別人。

身為大老，當老大正大光明時，最好明白自己的處境，率先親比，務求鞏固領導中心，才算完成自己的責任。

而六四也應該親比九五，使上坎三爻，緊密地團結在一起，共事一君，使百姓知所親比，而萬眾一心。

比 ䷇
8

上六，比之无首，凶。

上六是大老，發現九五賢明開通，就必須率先親比九五，做為萬民的表率，有一個良好的開始，才能无咎。倘若自認為大老，九五還要讓步幾分，不能率先表示親比，引起百姓的反感，這才回頭想要親比九五，已嫌太遲，所以凶險而沒有好結果。

民不可有多君，大老必須率先親比九五，以免招致凶險。

我們的建議

1 地上有水，如果只是少量，很快就會被吸入地中，消失無蹤；倘若水很多，會快速流動，便如大江東逝，一去不返了。可見水和地必須互相依附，彼此親比，才能維持長久。「比」是無私的親比，彼此之間，應該十分親密。

2 人少的時候，大家意見比較容易取得一致。一旦人多了，就會形成若干小團體。《論語》說：「君子周而不比，小人比而不周。」警示我們：比的時候，應該要能公而忘私。

3 比的時候，要像地上的水那樣，有原則地一步一步向前推進，以免流失或沒入地中。比卦的原則，即在慎選親比的對象，而且必須誠信相待，以求持久。

4 比也有比較的意思，比來比去，才知道誰最值得親比？誰最有誠信？但是有了比的心理，便容易產生分別心，反而造成分離的局面，所以說「君子周而不比」。

5 親近德高望重的人，才是正確的選擇。不必在小地方比來比去，才是誠信的表現。否則親比的對象變來變去，算什麼誠信呢？豈不是為了私利而親比，違背了比的原則，簡直成了小人，此乃君子所不為。

6 找到可以親比的對象時，最好能把握時機，不要錯過。否則時過境遷，失去機宜，反而造成終生的遺憾。在這方面，我們十分尊重個人的意願，絲毫不加以勉強。

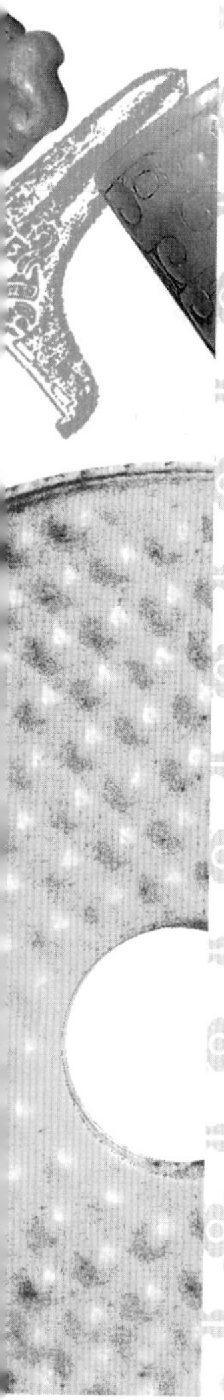

《第四章》

如何看待
師比這兩卦？

師卦和比卦，是綜卦，也叫做反卦，
具有共同的基礎，即為「光明正大」。

從自然的水性，看出人性的需求，
我們體會出剛中而應、行險而順的道理。

師卦六五和比卦九五相比較，
顯示比卦的好處，遠勝於師卦。

師憂比樂，寧可化干戈為玉帛，
現代武器十分可怕，大家務求和平發展。

師卦和比卦，都屬於陰包陽，
和人與人的感情，有密切的關係。

爭訟容易兵戎相見，實在十分危險，
不如上下同心、互相親比，大家都能小有畜積。

一。平日戰時都要光明正大

比卦坤下坎上（䷇），師卦坎下坤上（䷆），彼此相綜。也就是比卦顛倒過來，成為師卦；而師卦顛倒過來，又成為比卦。這種卦又叫做「反卦」或「覆卦」。兩卦都是一陽五陰，以陽爻為全卦集結力量的中心。只是比卦以九五為主，表示鞏固領導中心；而師卦以九二為主，象徵集中力量，一致對外，企求獲得最後的勝利。

九二是軍中的主帥，戰爭的時候，君王也應該全力加以支持和配合。而平日則是以君王為中心，大家同心協力，使君王的理想，得以逐步順利實現。比卦九五以陽爻居上卦的中位，呈現「顯比」的真義，象徵君王的領導，必須光明正大。比卦卦辭特別提出「原筮」、「元永貞」、「无咎」，便是提示我們「慎選親比的對象，是首要的條件」。所親比的九五，最好能具有元大的度量、永久的恆心，以及合理的操守，也就是正大光明的修養。大家才可以放心地親比，而沒有過失。

戰時將在外而君主內，九二以一陽爻居內卦的中位，將其它五陰爻，都當做士兵看待。下卦的初六、六三，是九二的護衛。上卦的六四和上六，以六五為中心，相當於全民總動員，盡心盡力地支援前線作戰。九二敢領軍作戰，主要是六五的下令征戰，具有充分正當性。而九二自己，也獲得六五的信任和支持，才能夠為正義而戰。

綜觀而論，不論平日或戰時，領導者都應該光明正大。不論是水在地上流動，或者水在地中集結，水的性質保持純淨無毒，應該才是最重要的。

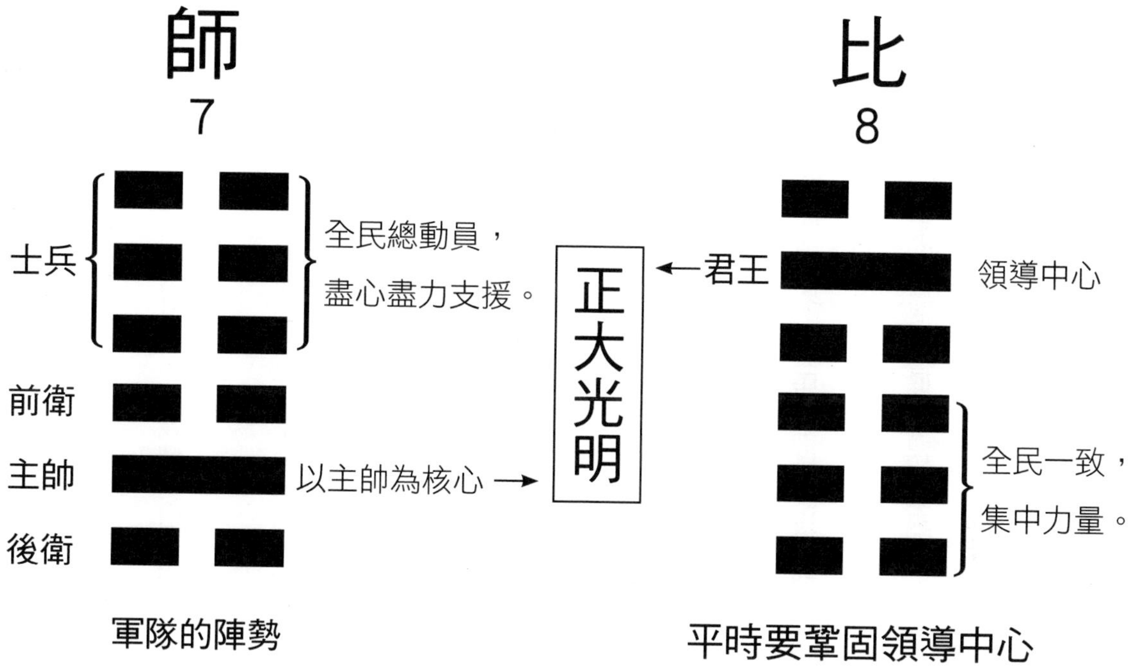
師
7
士兵
全民總動員，
盡心盡力支援。
前衛
主帥
以主帥為核心
後衛
軍隊的陣勢
正大光明
比
8
君王
領導中心
全民一致，
集中力量。
平時要鞏固領導中心

二．從自然現象到社會現象

水在地上流動，一方面可以互通有無，提供人們共同分享。一方面可以藉著持續的流動，來自我淨化。這種自然現象，使我們明白人與人之間，應該密切親近，互助互惠。

但是水在地上流動，有利也有弊。一方面產生水利，一方面也屢見水害。我們深知「水能載舟，亦能覆舟」的道理，體會出「防人之心不可無，害人之心不可有」的必要性。水在地中蘊藏，有益萬物的生長。倘若聚集得很多，造成河海湖澤，同樣有利於人類的生活。

《易經》的「象」，便是從自然現象，來看社會現象，用以推論出各種現象背後的「理」。師卦（䷆）的自然現象，是水在地上，可以行舟，也可能覆舟。比卦（䷇）的自然現象，是地中有水，可以取飲，但也可能有毒。同樣的道理，應用到社會上，我們就知道：行舟時要注意安全，不應該過分冒險。飲水時要先檢驗，或者先少量試一試，看看結果如何？目標是固定的，選擇和使用的過程，則必須十分謹慎。因為坤下坎上的比卦，以及坎下坤上的師卦，都有坎卦的象，表示順中有險。必須小心選擇，謹慎處置，才能獲得安全。

人類和水相處，最好明白水火無情，很容易招致禍患。但是人類生活，又非用水不可。特別是中華民族，自遠古以來，便與黃河密不可分。一方面是我們賴以生存發展的母親河，一方面卻又災害不斷，經常泛濫，使人顯得束手無策。我們可以從師、比二卦中，充分體會到「剛中而應，行險而順」的道理，並在以下章節更深入探討之。

自然現象 →	社會現象
水能載舟	群眾可以拱出英雄
水能覆舟	群眾能夠摧毀英雄
水火無情	人心可畏
水平不流	人平不言
水裡來，火裡去	不畏艱險
水至清則無魚	不必要嫉惡如仇
水寬魚大	主賢明則有良臣
水清石自見	真相終究能大白
水泄不通	防範至為周密
水乳交融	合作無間
水來土掩	兵來將擋

三・剛中而應才能行險而順

師卦（䷆）的九二，以剛健的陽爻，居下卦的中位，與六五（上卦的中爻）相應，稱為剛中而應。告訴我們：無論為人處事，都要具備剛健中正的品德修養，然後發揮冒險犯難的精神，以求行險而順。隨時面對艱難險阻，接受各種不一樣的挑戰。秉持中道，不屈不撓地向前邁進。

比卦（䷇）的九五，同樣以剛健的陽爻，居上卦的中位，與下卦的中位六二相應，也是剛中而應。和師卦的九二相比較，我們不難看出，九二以陽爻居陰位，實際上並不當位。而九五以陽爻居陽位，顯然當位。比卦九五和師卦九二，前者當位而後者不當位，是不是在提醒我們：寧可多親比，最好盡可能減少興師動眾、大動干戈的機會。

國家的軍隊，原本是為了保護國土與人民。若是被野心家用來窮兵黷武，那就是禍國殃民。師卦卦辭指出「師貞」，便是合乎正義，具有充分正當性的義師，才能夠天下歸心，獲得最後的勝利。實際上「師」字的含義，十分廣泛。舉凡教師、師父、師長、醫師、工程師、技師、導師、律師，乃至於法師，都是師卦研究的對象。換句話說，無論是哪一類型的師，最好都要深研師卦的道理，以忠貞堅定為基礎，促使眾人走上正道，期能行險而順。

尋找比卦的九五良師，扮演師卦的九二順應角色，上下都剛中而應，在家可以齊家，在國得以治國，在全球化的現代，則可以平天下。良師出高徒，師的表率，誘發徒的善心，彼此呼應，以期安居而不忘危殆，太平卻不忘滅亡。

剛中而應

師卦九二以陽剛居下卦之中，
上與六五陰爻相應。
譬喻下有剛強、正直的人才，
能和上級師長相順應，
做事必能成功。
各類師長，都應該以良師自勉，
萬萬不可誤人子弟。

比卦九五以陽剛居上卦之中，
下與六二陰爻相應。
譬喻上有賢明、公正的首領，
能關懷部屬，引領大家走上正道，
自然相親輔助，同心協力。
良臣慎選明主，必須忠誠、正直，
千萬不能犯上。

行險而順

人與人相處，由於認知不同，意見不合，人心善變，
隨時隨地充滿了危險。必須秉持師卦和比卦的道理，
適當調整自己的心態，才能順利互惠。

四．師憂比樂化干戈為玉帛

聯合國跨政府氣候變遷小組（IPCC），預測二十一世紀的海平面，將比上世紀上升十到九十九公分。主要原因，乃是人類無止境地追求經濟繁榮，而招惹出來的禍患。科學家提出嚴重警告：氣候暖化，將導致南、北兩極冰山快速融化，使海平面持續上升，導致許多低窪地區海水倒灌，某些海洋島嶼被淹沒，並使地球的乾旱和暴雨分佈得更趨於極端，迫使全世界上億人口淪為「環境難民」，而茫然不知所措。

師卦的現代意義是「經濟戰爭」，工業化國家，透過有形、無形的戰爭，造成全球氣候暖化、水資源匱乏，連帶引發許多難以解決的問題。為今之計，只有借助於比卦，秉持和平發展的原則，以地球村為念，真正為全球人類著想，才能夠逐漸化解現有的難題，使危機獲得解除。

師憂比樂，對二十一世紀的人類，尤為重要。早一天把競爭（師）的觀念，改變為互助（比），也就是大家存有「化干戈為玉帛」的想法，使人類在和平中求發展，如此才是正道。「干戈」的意思，是盾牌和茅戟，原本指武器，後來引申為戰亂或爭鬥，現代則泛指各種有形、無形的戰爭。尤其是經濟戰和文化戰，更是大家所重視的。「帛」是絲織物的總稱，「玉」為美麗，「玉帛」可以說是美麗的絲織品，用來當做禮物，表示和平的誠意。人類在經歷第一次、第二次世界大戰的慘痛經驗後，應該覺悟到唯有和平發展，才是二十一世紀可行的正道。時時抱持師憂比樂的信念，在各方面都力求「化干戈為玉帛」，以和平代替戰爭，才可能擁有光明的未來。

䷆ 師憂 7

帶兵打仗，打輸了被敵人消滅，

打贏了又害怕功高震主，

被自己人傷害。

由此類推：

所有師字輩的人士，

最好都能提高憂患意識，

必須以正道行事，

否則有失師道，

令人擔憂恐懼。

䷇ 比樂 8

遇到賢明長官，自己當好部屬。

被照顧得很好，又能發揮長才，

自然安居樂業！

大家互勉：

獨樂樂不如眾樂樂。

M型社會是人類社會的恥辱，

盲目追求經濟繁榮也是偏道。

二十一世紀人類，

唯有和平發展才是正當途徑。

五、師比陰包陽與情感有關

師卦（䷆）和比卦（䷇），都是初爻和上爻為陰爻、二爻至五爻之中有陽爻的卦。這種情況，通稱為「陰包陽」，也就是陰爻把陽爻包裹起來。外陰內陽，外柔內剛。在六十四卦之中，一共有十五卦，都出現了這樣的情況。

五陰包裹一陽的，有謙卦（䷎）、師卦（䷆）、比卦（䷇）和豫卦（䷏）四個。四陰二陽的，有解卦（䷧）、坎卦（䷜）、蹇卦（䷦）、升卦（䷭）、小過卦（䷽）和萃卦（䷬）六個。三陰三陽的，有咸卦（䷞）、恆卦（䷟）、困卦（䷮）和井卦（䷯）四個。二陰爻包裹四陽爻的，則有大過卦（䷛）一個，總共十五個。

陰柔包裹陽剛，情感的含量很高。師卦要旨，在於領導眾人做事。如何獲得人心，使大家意志集中、力量集中？主要就在於彼此之間的情感，是否水乳交融？長官與部屬，若能真誠交心，彼此擁有高度的信任感，必能獲得吉利。

比卦的要旨，其實是想要擴大自己的人際網絡。一個人進入到一群人的網絡，或者少數人進入多數人的網絡。首先，要慎選所要投入的人群，具有什麼樣的性質？然後還要想一想，自己或我們這一群人，能不能通過對方的考驗？對方是不是願意接受我們？無論如何，和彼此的情感交流，都有十分密切的關係。比卦主張用誠信來親比人家，同時被親附的人，也應該展現出更大的誠信。舉凡上述種種，其實都和情感有關。要想克敵致勝、立業建功，對於人與人之間的情感交流，就必須格外用心。科學之外，還需要道德和藝術，從這裡可以充分獲得証明。唯科學是從，恐怕過不了情感這一關。

陰包陽的卦情感比例很高

- 五陰一陽：
  - 師 7　地水師　需人支持
  - 謙 15　地山謙　謙和誠實
  - 豫 16　雷地豫　從長計議
  - 比 8　水地比　親比互動
- 四陰二陽：
  - 升 46　地風升　實至名歸
  - 解 40　雷水解　寬大為懷
  - 坎 29　坎為水　煩惱不安
  - 小過 62　雷山小過　意見相背
  - 蹇(ㄐㄧㄢˇ) 39　水山蹇　不宜妄動
  - 萃(ㄘㄨㄟˋ) 45　澤地萃　欣欣向榮
- 三陰三陽：
  - 恆 32　雷風恆　保持常態
  - 咸 31　澤山咸　得心應手
  - 困 47　澤水困　志不得伸
  - 井 48　水風井　無喪無得
- 二陰四陽：
  - 大過 28　澤風大過　負擔過重

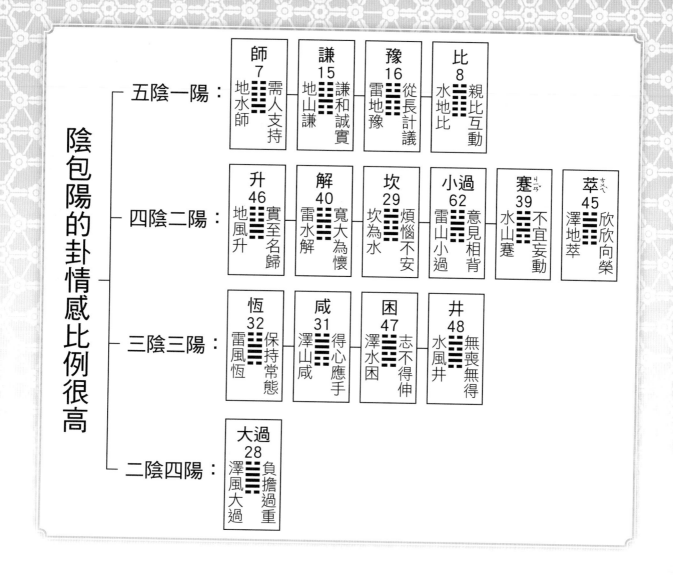

六、師在訟後比卻能獲小畜

師卦（䷆）的前一卦，是訟卦（䷅）；再前面的卦，稱為需卦（䷄）。易學的〈序卦傳〉，是分析《易經》六十四卦編排順序的一篇專論。將每一卦和前後卦的內在關係，依據卦名，或者選取其中的某種名義，來做出簡單的說明。〈序卦傳〉說：萬物幼小時，都必須加以養育，便是需卦。人類以飲食為重，所以飲食的供應不足，常常引起人們的爭端，甚至於造成訴訟，因此需卦之後，出現訟卦。先是口頭之爭，到了不能解決時，便興師動眾，以武力相拚搏。「師」指眾人，人數眾多時，必定有所親比，於是出現比卦。用親比來戰爭，是不得已的事情，最好是和平的親比，才能共謀發展，使大家都獲得小小畜積，有可能安居樂業，這就是小畜卦。

反觀現代倡導法治，律師更是到處點火，煽動訴訟。殊不知社會有公義，人心明白是非，訴訟才有意義。倘若社會喪失公義，人心不明是非，訴訟只會引起更劇烈的抗爭。有時興師動眾，造成更可怕的禍害。師卦（䷆）坎下坤上，「坤」象徵群眾，「坎」代表法律，也代表危險。依法鼓動民眾，做出危害社會的行動，可說是一種現代版的街頭「興師問罪」。從鼓動、煽動到暴動，迫使人民保姆拳頭向內，毆打百姓，卻名之為「鎮暴」。畸型的社會發展，對後代子孫的教育，形成極大的障礙。

我們不如多多發揚比卦（䷇）的精神，以師卦來傳道解惑，用比卦來促進和合。使人類能夠在安定中求進步，由小畜著手，在安居樂業中，不斷謀求和平發展，由社區擴大到國家，由國家擴大到全球，應是最為正確易行的發展途徑。

訟 → 師 → 比 → 小畜(ㄒㄩˋ)

訟	師	比	小畜(ㄒㄩˋ)
6	7	8	9
䷅	䷆	䷇	䷈

如何以下止上，成為重要課題。

從有道變無道，由中道走入偏道，

此時慎防領導過於順利，

共謀發展，必有小小的畜(ㄒㄩˋ)積。

意志集中，力量集中，

集中力量建功立業。

以誠信來親比，

選擇賢明的首長，

擇善而從，

興師動眾。

往往只能訴諸武力，

口頭之爭無法平息，

訴訟難以解決，

甚至依法訴訟。

容易引起爭端，

供需不平衡，

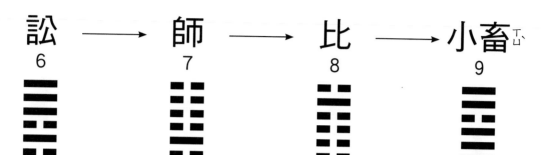

我們的建議

1 兵凶戰危，最好不要發生。但是我可以不侵犯人，卻很難禁止別人來侵犯我。戰爭是國家大事，儘量不要挑起，也應該避免擦槍走火。師卦的道理，在現代更有闡明的必要性。

2 師卦不僅限於戰爭，凡是和「師」字有關的，譬如教師、工程師、醫師、律師、師父、導師等等，都應該體會師卦的道理，使自己成為問心無愧的「師」，有益於社會人群。否則有師之名，更容易害人，最後也必然害己。

3 比卦在師卦之後，提醒我們：與其為了戰爭而團結一致，不如平日就互相親附，鞏固領導中心，使別人不敢前來侵犯，也使自己更加安全。內部團結，動員起來會更有效果。

4 比卦象徵相親輔助，下級服從上級。然而長久下去，上級往往會由於下級的順從而為所欲為，逐漸走上偏道。下級也會因為上下過分親近而不拘小節，甚至於沒大沒小。這時候稍微動員一下、演習一番，應該是居安思危的良好對策。

5 師卦可以擴大解釋為「傳道、授業、解惑」的道理，比卦也可以用來上下親和。把兩卦合起來看，師中有比，象徵亦師亦友；而比中有師，表示師道尊嚴，仍需要得到合理的尊重。

6 領導者不能有私的親比，否則容易造成內部分裂。爭訟的時候，領導者必須秉公處理，即使引發戰爭，也必須具有充分正當性。我們最好能深思訟卦的道理，以免有所失誤。

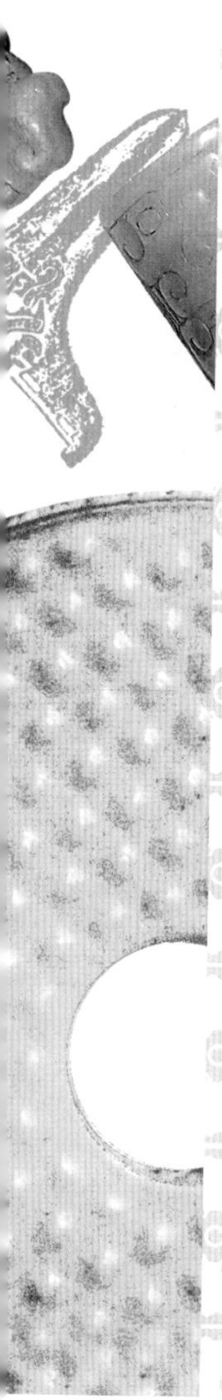

《第五章》

訟卦六爻
有什麼啟示？

訟卦的基本原則，是求免於訴訟，
倘若不能和解，也應該速戰速決不拖延。

訟卦的主要精神，在一個「公」字，
為公理、公義而爭，不為私情利害而興訟。

訟卦的要義，在一個「惕」字，
明辨利害、知所警惕，凡事適可而止。

訟卦的主旨，在一個「中」字，
適乎中道而不過分，比較容易無訟。

不平、不均、不調和，是爭訟的起因，
公正廉明，才是減少訴訟的最佳途徑。

不能使人信服的訴訟，雖勝也不光彩，
司法獨立，不受任何勢力所左右，才是正道。

一・初六口頭之爭應求和解

「訟」代表爭論、訴訟，通常先引起口頭爭辯，再造成文字爭論，進而告上法庭，提出訴訟。「訟」字的字旁是「公」字，必須要為公理而爭，秉公處置，才能令公眾信服。若是私情、利害滲雜其中，那就難免禍害無窮、冤冤相報了。

訟卦（䷅）卦辭說：「訟，有孚窒，惕，中吉；終凶。利見大人，不利涉大川。」全卦的重點，即在於「惕」。因為訴訟並不是好事情，好訟的結果，無論勝訴或敗訴，都難免結怨傷財，對雙方而言都沒有好處。訴訟的原因在「有孚窒」。「有孚」指誠信真實，「窒」為窒息、阻礙。訴訟時雙方都以捏造的事實誣陷對方，使得誠信全無。大家最好高度警惕，只有秉持中道才能吉祥，否則即使獲得勝訴，最終仍會因為結下怨仇而招致禍害。「利見大人」是九五賢明，尚能明斷。「不利涉大川」，則是上九以訴訟來解決大事，終久不利。

初六爻辭：「不永所事，小有言，終吉。」初六點出了訴訟的基本原則：盡可能早日和解，不長期（永）拉長訴訟（所事）為宜。初六以陰爻居陽位，本來就不當位。陰柔無力，又居於全卦的最下一爻，象徵位卑力弱。與上卦九四相應，表示九四因為初六位卑力弱，所以看不起初六，給予難堪。初六「小有言」，便是稍微做一些辯解，說明錯不在我，息事寧人，這樣才能獲得終吉。小象說：「不永所事，訟不可長也；雖小有言，其辯明也。」爭訟不宜拖久，因為長久糾纏於爭訟，勢必費時廢事，並沒有好處。即使受到某些閒言指責，稍受冤枉，經過辯說，終能明白是非。

訟 6 ䷅

初六，不永所事，小有言，終吉。

初六提示訴訟的基本原則，在於早日和解，不宜長久糾纏，以免費時破財，兩敗俱傷。誤會引起爭訟，主要是自己位卑力弱，引起他人的輕視，這才出口傷人，使自己承受不了。我們不妨稍作解釋，說明錯不在我，也就算了。不需要「得理不饒人」，非要對方道歉或賠償，免得造成更大誤會，以為自己趁機敲竹槓。最要緊的，莫過於自己要爭氣，使人家不敢看不起，自然就會減少許多不必要的口舌。爭訟的開始，就要十分謹慎，以求化解誤會，方為上策。

消解爭端，化解誤會，以期免於訴訟。

二．訴訟失敗最好保持低調

訟卦（䷅）彖辭說：「訟，上剛下險，險而健，訟。訟有孚窒，惕，中吉，剛來而得中也；終凶，訟不可成也；利見大人，尚中正也；不利涉大川，入于淵也。」意思是訟卦坎下乾上，象徵上剛下險。一個人面臨艱難險阻，依然十分強健，很容易引起訴訟。由於誠信被窒塞的爭訟，必須高度警惕，堅持公正而不偏頗，應該可以獲得吉祥。剛強到合理的程度，能和解就不必訴訟。倘若得理不饒人，一定要爭到底，那就凶險了！糾纏下去，勢必引起報復。你來我往，時間久了，對大家都不利。「利見大人」指審判的人必須公正，才能讓大家信服。「大川」表示大問題，除非雙方都是誠心誠意想要尋求化解，否則由誰來審判，都可能是淌渾水。

九二爻辭：「不克訟，歸而逋，其邑人三百戶，无眚。」

九二和九五，最好是一剛一柔，也就是一陽爻一陰爻，才叫相應（正應）。現在九二和九五都是陽爻，象徵彼此互相排斥，所以不相應。九五是君位，表示有審判的大權。九二向九五提出訴訟，由於九五剛中得正，而九二卻以剛居柔位，並不當位。意思是九二訴訟不當，所以「不克訟」，也就是原告敗訴。九二最好的辦法，便是逃歸自己的居地，避隱在只有三百戶人家的小城邑，還可以「无眚」，沒有什麼災禍。若是自己的居地人口眾多，恐怕就會引起九五的疑心，是不是九二要挾眾反抗？那就有災禍了。小象說：「不克訟，歸逋竄也；自下訟上，患至掇也。」一向上爭訟不勝，只好逃竄歸回故里。自下訟上的人，最好在大禍臨頭的時候，能夠及時中止（掇通輟），以求免禍。

訟 6 ䷅

九二，不克訟，歸而逋ㄅㄨ，其邑人三百戶，无眚ㄕㄥˇ。

九二和九五，象徵下對上的關係。九二當然可以和九五爭辯、申訴，但是必須注意當時的情境。倘若九五中正合理，而九二自己不當位又不合情理，這時候自下訟上，無疑是「雞蛋碰石頭」，必輸無疑。萬一不幸到了這樣的地步，趕快回歸原來的居處，表示人少勢弱，誠心停止，還可以獲得諒解而免禍。若是居處人多勢大，恐怕九五放心不下，依然不肯罷手，那麼九二就要禍患臨頭了。

自下訟上，要有強烈的正當性。

三、六三奉命行事不念舊惡

訟卦（䷅）大象說：「天與水違行，訟；君子以作事謀始。」

「天與水違行」，是說上卦為乾為天，下卦為坎為水。天道由東向西轉，水則由西向東流。天和水互相違背，造成訴訟。君子明白易學的道理，最好在發言、行事之前，做好周詳的計畫，務求謀定而後動，以避免爭議、訴訟。

六三爻辭說：「食舊德，貞厲，終吉；或從王事，无成。」「食舊德」的意思，是生活正常、固守舊道德。但是六三以一陰居於九二、九四之中，雖然和上九相應，有貞正的氣象，卻由於居於坎中而不免危險，所以說「貞厲」。只要堅持合理的貞操，最後一定吉祥。輔助首長做事，就算沒有大的成就，也不致有什麼禍害。

小象說：「食舊德，從上吉也。」

六三陰柔，能順從舊道德。對陽剛的上九，既不可能自下訟上，也不會有反叛的言行。由於順從長上，所以吉祥。這裡所說的「從上」，是有條件的，那就是「食舊德」，按照固有的道德，應該要做到下述三點：

1 上司對的，沒有理由不順從。

2 上司不對的，仍先應承，讓上司不至於因為沒面子而惱羞成怒，反而難以溝通。然後等待適當時機，提出自己的難題，向上司請示。說不定在自己尚未提出難題之前，上司就已經改變原先的主意，而有所改正了。

3 不要讓上司覺得我們有意改變他，最好想辦法讓上司自己改變。換句話說，要使上司有面子地改變他自己的看法。

訟 6 ䷅

六三，**食舊德，貞厲，終吉。或從王事，无成。**

訟卦坎下乾上，坎下三爻，可以看成原告，而乾上三爻，不妨看成被告或審判。坎下象徵以下訟上，不免凶險。乾上表示被告或審判，必須正大光明，才能剛健有力。初六位卑力弱，以不告為上策。九二可視適當時機，向上反應，若不能勝，就趕快回鄉暫避風頭。六三固守舊道德，也比較洞察人情世故，倘能講求訴訟技巧，透過溝通藝術，應該可以終獲吉祥。雖然沒有什麼大功勞，卻也不致有爭訟的惡果。

設法使上司自行改變，以利自己的順從行事。

四、九四安分守正不再興訟

訟卦（䷅）九四爻辭：「不克訟，復即命，渝，安貞吉。」

九四居上卦的始位，卻也剛健有力。與初六相應，當然不至於以上欺下。即使偶而有一些小誤會，初六也會忍受，只是稍微提出辯解，用不著彼此訴訟，所以說「不克訟」。倘若九四真的不講理，欺凌位卑力弱的初六，逼使初六提出訴訟，遇到公正廉明的九五，照樣判定九四敗訴，也是一種「不克訟」的情況。這時九四最好認清自己以陽爻居陰位，原本就不當位。反省自己的言行，是不是真的讓初六受到委曲？因而改變初衷，恢復到正當合理的情況。訟卦（䷅）六三、九四、九五三爻，有風的象。為了端正風氣，九四必須恢復自己的正命，也就是遵守正道，不能由於自己的不認錯而敗壞風氣。「渝」是改變的意思，九四改變原先的意圖和態度，安於正常的情理，自然吉祥。

小象說：「復即命，渝，安貞不失也。」

特別說明「復即命」的用意，在於回過頭來，順從自然的正命，改變爭訟的心態，便能安於守正而沒有過失。訟卦（䷅）下坎上乾，上卦三爻都剛健有力。若是對下卦不滿，大可指責、警戒，甚至於刑罰，用不著訴訟。所以下卦三爻，向上訴訟的機會比較大。九二告九五，實在十分危險，搞不好會沒命。而初六告九四的機率，則是相對比較大。九四仗著自己有九五可以依靠，剛開始時難免有好訟的念頭，認為初六既然敢出手，那就還以顏色。幸好後來能夠及時覺悟，改變爭訟的心態，安於正道，因此沒有什麼過失。

訟 6 ䷅

九四，不克訟，復即命，渝，安貞吉。

訟卦上乾，扮演原告的機會不大。一旦發現下坎有什麼問題，可以加以指責、警戒或刑罰，哪裡需要訴訟？就算提起公訴，勝算也很大。而下坎三爻，扮演原告的角色，也是不得已的事情。因為自下訟上，總是相當冒險。通常由初六鼓起勇氣，不因自己位卑力弱而敢於訴訟九四。這時候九二和九五應該密切配合，使初六和九二迅速獲得和解。九四若是自恃位高力強，不把初六放在眼下，九五就應該加以規勸，使其及時回復正命，走上中道，改變訴訟的心態，以免由於上凌下而造成禍患。只有安於正道，才能吉祥。

不能以上凌下，而是要依循正道，取得和解。

五・九五公正無私自然無訟

訟卦（䷅）九五爻辭：「訟，元吉。」

訴訟原本是凶事，怎麼可能「元吉」呢？這是因為《易經》的訟卦，用意在消弭爭端，減少訴訟。大象所說的：「君子以作事謀始」，便是從根本處著手，凡事慎始，務求不起爭執，不生訴訟。其主要關鍵，即在九五這一爻。九五以陽爻居陽位，又是上卦的中爻，所以既剛且正。不但公正廉明，而且還有光明正大的品德修養。在這種大前提下，初六在相爭之初，便以「小有言」（稍微表達一下自己的意見），「不求所事」（不持久糾纏，能及早和解）來達成無訟。九二由於九五英明中正，不敢冒然興訟。六三固守舊道德，當然不爭訟。九四稍有放縱，也由於大環境不許可，不敢破壞良好風氣，而能及時回復正道。上六是大老，比較不受九五這位老大的約束，即使訴訟獲勝，其實也並不光彩。九五自身行得正，所以訴訟對他而言，幾乎是備而不用，大抵上已經無訟，自然元吉。

小象說：「訟，元吉，以中正也。」

孔子最希望的境界，是「必也使無訟乎」。最佳狀況，是大家有事好商量，不必爭訟。《易經》的訟卦，正是這種用意。由於居上位的人，凡事秉持正道而行。大家上行下傚，自然明白不爭訟的好處，而能力求無訟。

訟卦的卦爻辭是吉多於凶，提醒我們：訟為凶事，盡力避免興訟，自然吉祥。現代人好訟，似乎以打官司為解決爭端的途徑，最好能深一層體會訟卦的真義，使大家儘量減少訴訟。社會和諧，人群和樂，才有幸福的生活。

訟 6 ䷅

九五，訟，元吉。

九五是訟卦的卦主，以陽爻居陽位，又是上卦的中爻，居中且正，成為無訟的主要關鍵。通常九五是訴訟的審判者，卻由於自己的公正廉明，所以沒有什麼訴訟案件需要他來審理。對他來說，訴訟這種凶事很少發生，用不著他傷腦筋，所以元吉。

賢明的領導者，以公正廉明來獲得無訟的境界。

六、上九敢訟為世道鳴不平

訟卦（䷅）上九爻辭：「或錫之鞶（ㄆㄢˊ）帶，終朝三褫（ㄔˇ）之。」

「錫」是賜的意思，「鞶（ㄆㄢˊ）帶」指大帶，在這裡譬喻高官厚祿。「錫之鞶（ㄆㄢˊ）帶」，便是賜給他高官厚祿。「或」為或許，意即說不定。上九居上卦究位，為全卦的極位，也就是現代的大老。一般人不敢訟的，大老憑著老臉，扛起「小鋼炮」的美譽，當然要健訟一番。訴訟雖然是凶事，但是挺身而出，為社會正義而訟，實在是功德無量，大快人心。不過話說回來，這種直來直往、理直氣壯地訴訟人或事的風氣，畢竟破壞了社會安寧，也教壞了後代子孫，並不值得鼓勵。就算是由於敢訟、健訟，因而獲得高官厚祿，還是會有很多人對此不以為然。「褫（ㄔˇ）」是剝奪的意思，「終朝」是一天之內。「終朝三褫（ㄔˇ）之」，表示在一天之內，就多次受到剝奪所賜予的大帶。顯然是訟風不可長，大家對於上九這種恃強爭訟的行為，頗不贊成。

小象說：「以訟受服，亦不足敬也。」

上九憑著恃強爭訟而獲得高官厚祿，大家就會觀察其後續表現。若是日後仍舊健訟，大家就會認為上九有了高官厚祿，還這麼恃強好訟，並不值得鼓勵；若是從此不再健訟，大家又會以為上九取得高官厚祿後，便換了腦袋，不再為公義發聲，分明是想要以爭訟換取名位，同樣不值得尊敬。

其實，憑高位訴訟他人，就算勝訴，大家也會認為司法不公、官官相護。敢為世道鳴不平，原本是好事，要做這種事，最好遠離高官厚祿，以證明自己的誠意。用敢訟、健訟而不訟，來為世道鳴不平，才是高明而值得尊敬的作法。

訟 ䷅ 6

上九，或錫之鞶ㄆㄢˊ帶，終朝三褫ㄔˇ之。

上九居全卦的極位，即為現代的大老。陽剛有力，每每憑著老臉，為世道鳴不平，為公義而爭訟。這麼好的事情，為什麼以陽爻居陰位，並不當位呢？因為恃強爭訟，勢必會影響社會安寧，教壞後代子孫，實在不值得鼓勵。倘若因此獲得高官厚祿，大家就會懷疑他的動機不良。若是從此封口，大家也會懷疑他是不是借由爭訟而換取官職呢？若是如此，更是不值得尊敬。就算賜予高官厚祿，大家也會議論紛紛，一天之內，受到多次的批評和攻擊，實在是何苦來哉！

最好能健訟、敢訟而不訟，來為世道公義鳴不平！

我們的建議

1 訟卦的主旨，在「不訟」，至少也要盡量減少訴訟。因為訴訟獲勝，勢必結下怨恨。很少有人會輸得心甘情願，不是怨責司法不公，便是怨恨對方仗勢欺人或花錢賄賂。

2 有人對不起我們，我們不如忍他、讓他，自己吃一些虧。對方若是良心發現，自然就會回報我們。若是對方來不及回報我們，也會回報給我們的子孫，相當於我們免稅贈與子孫一份財產。

3 有人對不起我們，我們據理力爭，依法提出訴訟。結果輸了，更加喪氣、傷心；若是贏了，對方的怨恨，可能一代又一代地傳下去，造成解不開的世仇，豈不是禍害子孫？讓他們承受不明不白的怨恨，請問這樣公平合理嗎？

4 司法公正不公正？一般人的判斷能力實在有限。自己贏了，當然感覺公正，不然我怎麼會贏？自己輸了，一定感覺不公正，否則我又怎麼會輸？對不對？不知道。我們只認為：這樣判斷才合理，要不然又能怎麼樣？

5 人間不訴訟，老天爺就會公正地審理。老天爺在哪裡？在我們的心裡，便是我們的良心。一輩子沒良心的人，訴訟他有什麼好？贏了又怎麼樣？絲毫沒有價值。

6 訟卦的前一卦是需卦（䷄），人人都有需要，只是供應不足，造成供需失調，這才引起訴訟。我們最好看一看需卦的真義，以期從根本處減少訴訟，讓大家都能活得更愉快！

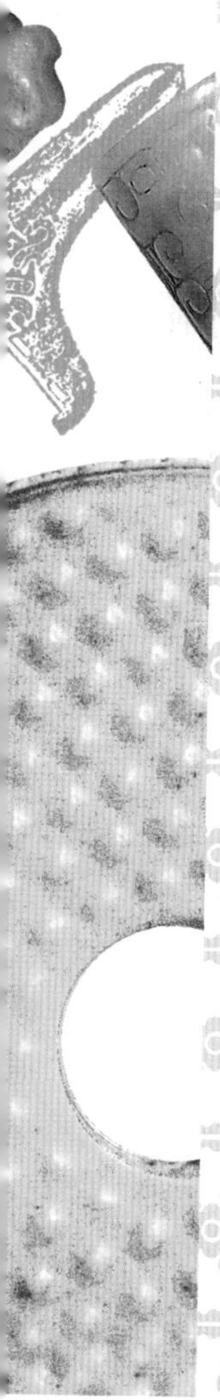

《第六章》

需卦六爻
有什麼啟示？

需卦下乾上坎，表示天上降雨，
下乾三位男子在等待雨停，好去辦事。

生活中的每一件事，都有它的過程，
急不得，也快不了，必須耐心等待才合理。

人在向上進取時，難免遭遇各種艱難險阻，
唯有保持合理貞操，才是最佳的保障。

由初九到上九，一路奮進，剛健有力，
但卻愈來愈接近凶險，因為愈高位就愈危險。

六四順著九五，可以獲得支持而出險，
上六需求過多，容易引起外界質疑，要小心。

九五過著小康生活，能從容不迫，
實在是一種有意義、有價值的人生。

一、初九剛開始要耐心等待

「需」是需要，我們的生活，需要很多事物。然而資源有限、機會不足，資訊也不夠全面，因此時常供不應求，必須等待。耐心等待、適時而動，是我們人生中所必須具備的修養。

需卦（䷄）卦辭：「需，有孚，光亨，貞吉，利涉大川。」

「有孚」指誠信，需卦主爻九五，居中得正，具有誠信的美德。需卦下乾上坎，坎的錯卦為離，象徵光明，所以亨通，即為「光亨」。憑著這樣貞正的吉祥，可以渡過難關而有所作為，所以說「利涉大川」。有下卦乾的剛健果斷，若能秉持誠信，目標自然光明正大。倘若能行中道，也必能排除萬難。

初九爻辭：「需于郊，利用恆，无咎。」「郊」即平坦廣大的地方，通常都在郊外。有時遠離都市，反而安全。如能耐心等待，持之以恆，應該就不會有差錯。

小象說：「需于郊，不犯難行也。利用恆，无咎，未失常也。」初九是下卦的開始，好像排隊時排在最後，心急也沒有用。不如把自己想像成站在郊外廣大的地方，到哪裡都有一段距離，需要相當長的時間。於是平靜下來，以平常心來等待。「不犯難行」，意思是不必冒險犯難，勉強要急著向前行進。只要持之以恆，再遠的地方都能夠到達，再艱鉅的難關都能突破。但是有一個必要的條件，那就是「未失常也」，不能失去常態，違反常道。正當的方向，持久的恆心，依循正常的途徑，保持平靜的心態，自然无咎。倘若不遵守交通規則，不按常理出牌，甚至於不依中道而行，時常投機取巧，希望奪取不合理的利益，那就不可能无咎了。

需 ䷄ 5

初九，需于郊，利用恆，无咎。

需卦下乾上坎，表示人為了生活，必然會有各種需要。由於資源有限，機會不足，無法樣樣都獲得滿足。等待又等待，不但要忍耐，而且也要伺機而動。初九居全卦的初位，象徵在平坦廣大的郊外，無論到哪裡都需要一段時間，走一段路程，所以必須有耐心並且持之以恆。在郊外交通比較順暢，不擁擠阻塞，紅綠燈也少得多。只要按照常規，不必冒險犯難，便可以无咎。倘若急於到達目的地，失去行進的常態，又違反正道，那就免不了會發生差錯，而偏離中道了。

凡事起頭難，不用急，也急不得。
平靜有耐心，不失常才好。

二◦九二難免受人中傷無礙

需卦（䷄）彖辭說：「需，須也；險在前也，剛健而不陷，其義不困窮矣。需，有孚，光亨，貞吉，位乎天位，以正中也。利涉大川，往有功也。」首先指出「需」就是須，也就是期待、等待的意思。需卦下乾上坎，坎象徵險，所以說「險在前也」。下乾必須剛健有力，才能夠不陷入險境。人有需要，但不可能張口飯就來，舉手便有東西。凡事都需要一定的過程，必須等待。然而，唯有自強不息，遭遇艱難險阻而能通暢，才不致困窮。前面有凶險，當然不能冒然前進，必須誠信，目標正大光明，又能堅守合理的貞操，發揮需卦天位九五的陽剛中正精神，務求無往而不利。

初九離險境最遠，尤其以陽剛居陽位，最好記住乾卦初九「潛龍勿用」的教訓，安靜地保持常態而行。

九二和初九相比，更接近險陷。水邊經常有沙，所以九二爻辭說：「需于沙，小有言，終吉。」看到沙，就想起水，這是坤卦初六「履霜堅冰至」的應用。表示自己一路走來，更接近凶險了。好在離險境還有一段距離，用不著驚慌。只要體會在沙上行走，難免有沙子滲入鞋中，行走時也不免陷入沙中，而難以行進。好比人多口雜，對自己的所言所行，難免會有一些閒言閒語。此時必須稍安勿躁，虛心接受。自求改善，才能終致吉祥。

小象說：「需于沙，衍在中也；雖有小言，以終吉也。」「衍」是水滲透沙中，沙滲透鞋裡的意思。以陽爻居陰位，幸好位於下卦中位。只要合理因應閒言閒語，自然無礙。

需 ䷄

5

九二，需于沙，小有言，終吉。

發現已經走在沙地上，兩腳陷入沙中，沙子也滲入鞋裡。象徵社會上有許多變化，難以面面俱到。九二更接近上坎，表示險境即將出現。以陽爻居陰位，象徵難免有人看不順眼，閒言閒語。幸好居於下乾的中位，只要能行中道，最後還是可以獲得吉祥的結果。「需于沙」告訴我們：這時候可進也可退，最好仔細考慮，決定行止，甚至於改變方向。

外在環境變化，必須明確抉擇去向，以求趨吉避凶。

三。九三愈近險地危機愈迫

需卦（䷄）大象說：「雲上於天，需；君子以飲食宴樂。」

從卦象來看，需卦乾下坎上，坎為水而乾為天。水受到陽光的蒸發，成為氣態。上升到空中，由於溫度降低，變成雲霧。雲上於天，便是水蒸氣上升到天空，等待時機成熟，便要降雨來滋養大地萬物。雲成雨需要等待，人做事同樣需要等待合適的時機。這時候最好飲食以蓄積體力，準備良機來臨時，全力以赴，排除萬難而達成預期目標。

九三居需卦下乾的上爻，又是全卦人位的下位，最為接近凶險的上坎，象徵瀕臨險難，必須格外謹慎小心。所以爻辭說：「需于泥，致寇至。」小象也說：「需于泥，災在外也；自我致寇，敬慎不敗也。」都是在警示我們：非提高警覺不可！

水使地面變成泥濘，可見水分飽滿，快接近坎水了。九三以陽爻居陽位，自是當位。但有過於剛健冒進的可能，反而容易招惹他人的敵意，以致盜寇聞風而來，造成不利。此時乾卦九三爻辭：「終日乾乾，夕惕若厲，无咎。」便成為十分必要的警惕。在沙上等待，不過惹來閒言閒語。若是陷於泥濘之中，行動將更為不便。這時必須慎防災害從外而來。很可能是小人或盜賊，那就相當危險。身陷泥濘，進退兩難。最好的辦法，便是敬慎小心，才能不敗。

九三爻的啟示，在災難即將來臨時，倉皇失措地往外跑，有時反而更加危險。留在原地不走，又等於坐以待斃，不如抱持乾卦九三的心態，高度警戒，謹慎小心。只要不自討苦吃，不招來強盜小人，便是立於不敗之地了。

需 5 ䷄ 九三，需于泥，致寇至。

九三居下乾的究位，最接近上坎。從雙腳陷入泥濘之中，可知災難即將自外而來。泥濘的含水量，遠大於沙地，象徵已臨險境。九三以陽爻居陽位，當位。然而自初九一路走來，都剛健有力，一方面可能會愈來愈剛健，以致剛健過了頭。一方面也有疲乏的感覺，容易招惹小人或盜賊的攻擊。此時最好記取乾卦九三的敬慎小心，才能免生禍害。

不自討苦吃，謹慎小心，才不會有所閃失。

四・六四獲得支持才能出險

需卦下乾三陽爻，提醒我們剛健進取、自強不息固然很好，但是世道艱難，人間多變化，免不了有處處凶險的威脅。上坎為險，即在警示大家，必須習坎而不陷，以策安全。卦辭的「光亨」、「貞吉」，用意即在促使我們明辨需要的正當性，以及等待的必要性。事緩則圓，凡事謹慎小心為宜。

〈說卦傳〉明白指出「坎為血卦，為赤」，坎卦象徵鮮血的卦，赤血的顏色，令人觸目驚心。六四是上坎的始位，象徵已陷入坎險而「需于血」。所以六四爻辭：「需于血，出自穴。」而小象則說：「需于血，順以聽也。」「需于血」，象徵在血泊中等待。反過來說，需要流血的時候，也應該不惜犧牲，不能為了貪生怕死，掉頭就跑。人生充滿了艱難險阻，難免受傷流血。只要血不是白流，又有什麼好害怕的？

主要的關鍵，在六四以陰爻居陰位，當位。六四在九五之下，以柔順承助在上的陽爻，合乎承則順而善的道理。只要獲得九五的支持，仍有脫險出穴的希望。意思是為了達成光明正大的目標，就算有血光之災，也將會順利脫離險境。有時候壯烈犧牲，留芳千古，也很有價值。

〈說卦傳〉又指出「坎為加憂，為心病，為耳痛」，六四柔順，和剛健的九五相連，只要順從九五，聽命而行，耳朵不痛，心中無病，也就用不著憂心重重了。六四陷入困境，但並不是很深，倘若能記取坤卦六四爻辭：「括囊（ㄍㄨㄚ），无咎无譽。」抱持謹慎、穩重的心態，就可以處於險境而既無災害，當然也沒有稱譽。平安脫離險境，就是六四的主要訴求。

需 5 ䷄

六四，需于血，出自穴。

人生的道路，充滿了艱難險阻，有時為了生活的需要，不得不冒險前進。若是遭遇凶險，甚至有血光之災，也要妥為因應。六四是上坎的開始，象徵已經進入險境。以陰爻居陰位，自屬當位。上面又是陽爻，可以從陰（六四）承陽（九五）著手，順應上級的旨意，奉命行事，即使有血光之災，也能獲得上級的支持而脫離險境。

就算冒險犯難，只要合理，還是要持續向前奮進。

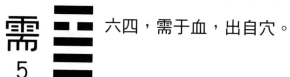

五、九五從容不迫有備無患

需卦（䷄）的主旨，在於一個「貞」字。人人有需要，以正確、固定、經常為宜。時時要等待，同樣需要正確合理的操守，以免被各種誘惑所吸引，而亂了自己的分寸。

九三的敬慎不敗，應該是需卦的主要精神。不折不撓，朝正大光明的目標前進。接受內外環境變化所帶來的各種挑戰，逐一化解，務求立於不敗之地。

種種努力，不斷地忍耐，恆久的堅持，都是為了達到九五的目標，那就是從容不迫地完成任務。

九五爻辭：「需于酒食，貞吉。」小象說：「酒食貞吉，以中正也。」「需于酒食」並不是現代所看到的暴飲暴食，或者山珍海味加上名貴美酒。「需于酒食」表示獲得生活所必須的物質，小康即可，不能奢侈浪費。安於小康的生活，不為生活所逼，才能從容不迫地完成正當的任務。由於能夠顧慮周到，有備無患，所以獲得吉祥。九四「需于血」的時候，保持高度警覺，應該進才進，必須退即退，以期早日脫險，才有「需于酒食」的機會。人需要習坎，從各種艱難險阻中，領悟出生活的真義與人生的價值。從容不迫，靜觀其變，以靜待動，而不是現代所盲目追求的「快、快、快」，以致死得更快。安於小康生活而有貞固吉祥的感覺，主要來自九五以陽爻居陽位，又居上坎的中爻，居中得正。合乎中道，也就是老成穩重，世事練達，凡事皆得以有驚無險地完成。

反觀現代人需求毫無節制，甚至還有富豪排行榜。人人急躁不安、生活緊張、忙碌不堪，難怪長久以來，九五從容不迫的氣象都不見了！

需 ䷄
5

九五，需于酒食，貞吉。

人生的意義，在增進自己的品德修養，能對社會人群做出貢獻。人生的價值，在從容不迫，維持小康生活，能思慮周到而有備無患。九五以陽爻居陽位，又居上坎的中位。由於居中得正，象徵歷經各種艱難險阻的考驗，總算可以過著小康生活，有了生活所必需的物質條件。這時候，當然要保持合理的貞操，行中道，不作非分之想，自然吉祥。

經常保持謹慎小心的態度，自然能夠從容不迫，輕鬆愉快。

六．上六有人拯救化險為夷

需卦（䷄）上六爻辭：「入于穴，有不速之客三人來，敬之，終吉。」小象說：「不速之客來，敬之終吉，雖不當位，未大失也。」象徵九五倘若不能安於小康生活，極力貪得無厭，即使冒險犯難，也要滿足自己無限的需求，一旦到了上六，等於陷入危險的洞穴深處，毫無迴避、轉圜的餘地。「入于穴」的意思，便是由於貪得無厭，一心想要擠進富豪排行榜，終於讓自己掉入險穴的深處，而難以自拔。「不速之客」指不請自來的外人，「三人」是多數的意思，並不限於三人。這些人不請自來，有三種可能：一種是法院或國稅局派來的人，要查明財富的來源，看看有沒有逃漏稅或其他問題？甚至是有人檢舉，特來詢問，說不定還要被起訴。一種是綁票集團，派人前來綁票，企圖敲詐金錢。還有一種是親朋好友，平日並不往來，現在看到上六在富豪排行榜上有名，紛紛前來認親，表示自己才是多年好友，特來表達祝賀之意，順便要一些錢財回去，後面還有一大堆人等著。對待這三種人，當然有不一樣的反應。需卦提出一個「敬」字，便是不可大意，自認以陰柔居上位，原本就不合適，本著「取之於社會，用之於社會」的原則，雖然不當位，卻也可以減少損失。倘若不誠信、不敬重，認為「財富是我賺來的，一毛錢也不願意拿出來」，那就必然會有大失誤了。

有犯罪事實，必須誠心悔過，向社會道歉，還可以減輕刑責。不能做到財不露白，招人眼紅，自己多少也要負一些責任。將財富與親朋好友分享，更是良好的修養，為什麼要吝嗇呢？

需 5

上六，入于穴，有不速之客，三人來，敬之，終吉。

上六以陰柔居上位，象徵需求到了極高處，往往有停止不了的風險。不是貪得無厭，多還要更多、富還要更富，便是不顧一切，非擠入富豪排行榜不可。於是引起外界的懷疑和羨慕，招來一大堆不請自來的不速之客。有來就近審訊，準備提出告訴的；有來查稅的；有來認親要錢的；還有來綁架、敲詐的。必須謹慎應對，不可大意，以保最後的吉祥。

只要謹慎、敬重，天底下沒有不能化解的險阻。

我們的建議

1 需卦（䷄）的後面，緊接著就是訟卦（䷅）。提醒我們：需求過多等於貪得無厭，勢必引起外界的質疑。只要稍有差錯或不法，便會引發訴訟。最好能夠合理節制，以求遠離訴訟。

2 需卦的前面，是蒙卦（䷃）。警告大家：不正當的知識，使我們求新、求快、求名列富豪排行榜，不知道合理節制自己的需求，也不能耐心地等待，害得許多人家破人亡，非常可憐。

3 人的需要，有一部分是自然產生的，通常比較安全，也有一定的限度；有一部分則是人力造成的，透過傳媒的渲染，大力刺激人的欲求，提高人的欲望。使人拚命賺錢、拚命花錢，完全喪失了生活的情趣，這是何等無知！

4 等待是必須的修養，冒險犯難則是必要時才能採取的行動。闖紅燈、超車，一味追求快速，此舉非但不安全，而且也違反交通規則，破壞交通秩序，最好還是耐心等待。

5 需卦（䷄）的要旨，在提升我們的涵養。對人對事，都要「貞」；待人接物，都要「敬」。一切自然孕育，等待瓜熟蒂落，最為合理而正當。事緩則圓，急什麼呢？

6 需要合理與否？主要來自啟蒙所得的知識是否正當？我們最好平心靜氣，想一想自己的人生觀和價值觀是否合理？有沒有需要洞悉的地方？看來這也是需卦的必要應用，不能輕忽。

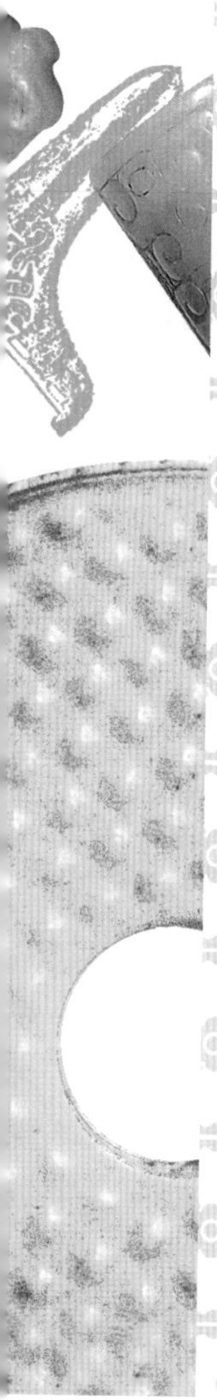

《第七章》

如何看待
需訟這兩卦？

需求若是難以滿足，就容易爭奪興訟，
最好能夠各自克制，加強精神修養。

讓物質層面與精神層面兼顧並重，
促使自己能夠健全地向上發展。

以「貞」面對「需」，以「惕」對待「訟」，
務求需和訟都能化險為夷，皆大歡喜。

新自由主義，透過英美執政者，
向全球進行著另一場「鴉片戰爭」。

現代經常假借「平等」的動人口號，
進行一些實際上很不平等的貿易。

在經歷過金融風暴的震撼與洗禮後，
人類有必要重新瞭解需、訟兩卦的真義。

一・需卦和訟卦都偏重物質

需卦（䷄）和訟卦（䷅）相綜，上下顛倒。一為乾下坎上，一為坎下乾上。前者水天相得，後者則天水相違。

人類要求生存，必須重視物質建設，但凡事都應該有合理的尺度以資約束。然而隨著年齡的增加、知識的豐富、地位的提升、權力的擴大、科技的發展、競爭的劇烈，人的欲求卻愈來愈貪婪。需卦初九「需于郊」，情況尚屬正常。九二「需于沙」，開始受到責難。九三「需于泥」，已經進退兩難，都很不利。眼見步步陷入險境，卻由於過分重視物質生活，導致無法自省、自制，而難以自拔。

現代科學發達，很容易造成「眼見為憑」的錯誤觀念。其實，我們現在看得見的分子、原子和細胞，在電子顯微鏡尚未問世之前，是誰都看不見的。我們現在看不見的東西，又有誰能夠保證，將來我們也看不見呢？時代愈進步，似乎物質的部分愈增加，而非物質的部分愈來愈減少，這又是另一種嚴重的誤解。物質部分愈多，非物質的部分也會愈多，因為兩者可以互相變換。當我們知道得愈多，才發現原來我們還有更多的事物尚未知道。

明白事理的人愈多，不明事理的人也愈多。知識愈普及，一知半解的人愈可怕。物質方面的欲求不斷增加，訴訟的糾紛也愈來愈頻繁。學法知法，卻常常用以犯法，或者鼓勵大家興訟。現代人過分重視物質，甚至於一切向錢看，對需卦和訟卦的誤解日趨加深。讀《易經》讀出很多君子，卻也讀出部分邪惡小人，還有可怕的狂人，實在十分很無奈！

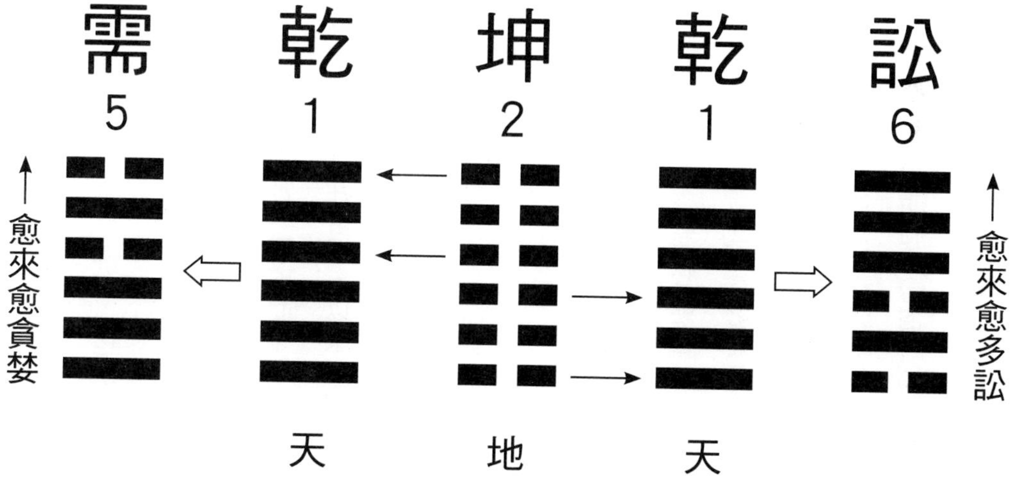
需
5
乾
1
坤
2
乾
1
訟
6
愈來愈貪婪
天
地
天
愈來愈多訟

二．需和訟都有賴精神補救

需卦（䷄）乾下坎上，訟卦（䷅）坎下乾上。兩卦都有乾卦的成分，表示正人君子也有需求，並且也可能被訴訟。乾下坎上，提醒我們年輕時就應該明白「愈活下去，年齡愈增加，危險性也愈大」的道理。人的一生，可說是不斷地向險境挑戰的歷程。每一次升遷，事實上都必須接受更為嚴峻的考驗。因為地位愈高，權力愈大，愈容易受到物質的誘惑而難以自保。最好從小養成勤勞、儉樸、守分、謙恭、禮讓、和諧等良好習慣，以策安全。這些精神方面的修養，才是乾元的具體表現。「元、亨、利、貞」四德，應用在面對各種危險、阻礙時，應該是有效的安全保障。需求到什麼程度？滿足到什麼地步？自然能夠知所拿捏而不致過分。

訟卦坎下乾上，告訴我們：即使安然渡過「潛龍」、「現龍」、「惕龍」的階段，進入乾上的發展情境，仍必須接受「十目所視、十手所指」的高標準檢驗。因為底下的人，有不服氣的、有存心扯後腿的，更有受不了委屈，想盲目出風頭的。他們的對象，當然是上乾這些看起來有頭有臉的人士。如何免於被訴訟，同樣有賴於禮賢下士、謙柔有禮、大人不記小人過、親和力、勇於認錯等等精神方面的修養。一旦他人槍打出頭鳥時，才能安然渡過各種險難。

在地位低微時，就要養成自我節制的習慣，預防將來權大勢大時，貪得無厭而招來不速之客，自取其辱。當地位逐漸攀升時，慎防被人抓住把柄，惹上官司，也是必要的警覺。精神修養方面，應避免完全被物質欲望所矇蔽，敬慎小心為是。

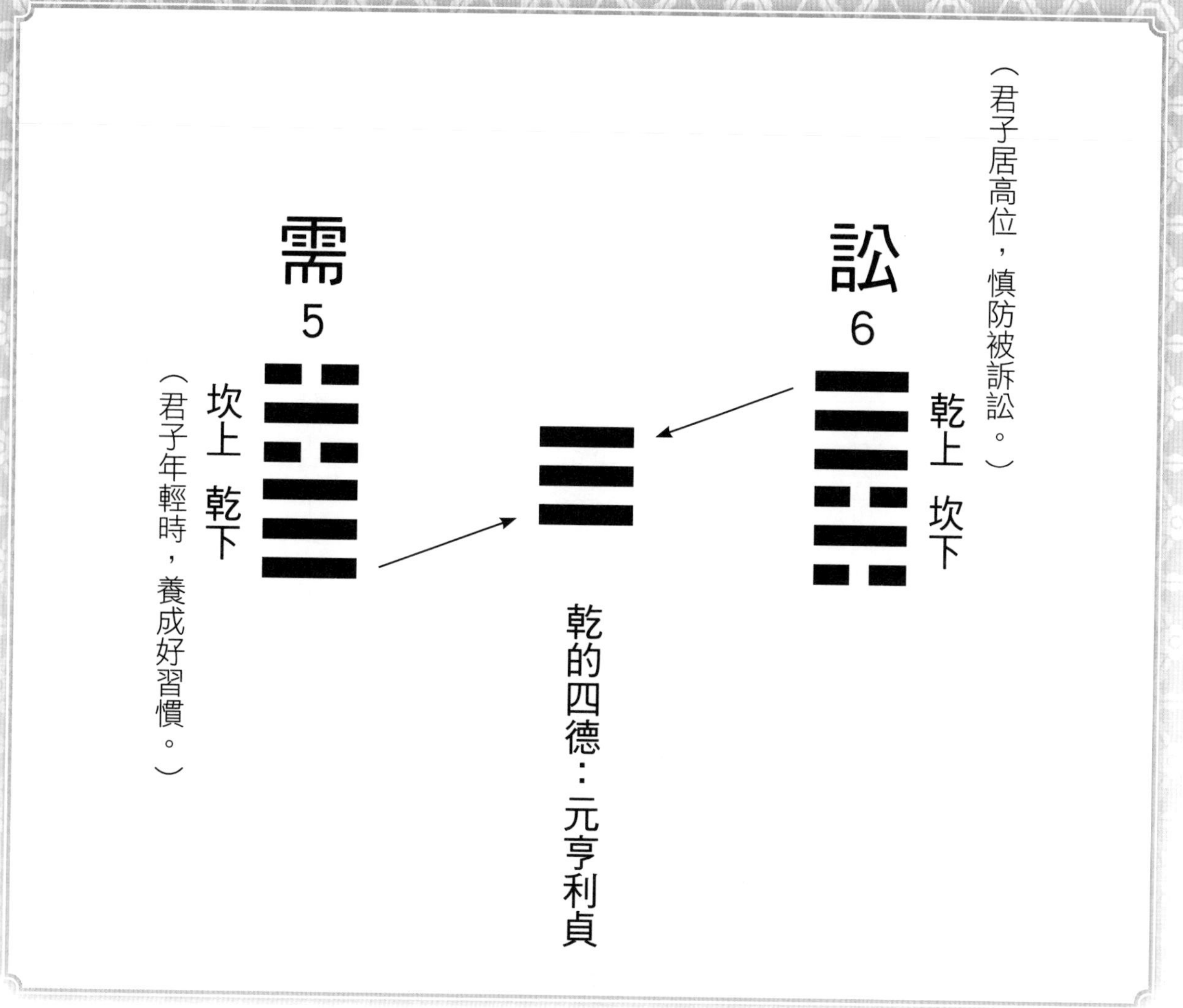
（君子居高位，慎防被訴訟。）
訟
6
乾上 坎下
乾的四德：元亨利貞
需
5
坎上 乾下
（君子年輕時，養成好習慣。）

三、需訟都能做到皆大歡喜

中華民族五千年歷史，証明了：勤苦儉約，未有不興；驕奢倦怠，未有不敗。因為由儉入奢易，由奢返儉難。勤勞儉樸，即使不能發財興家，最低限度可以應付驚濤駭浪，渡過艱難險阻，不致貧無立錐，飢餓而死。人類生活在地球上，只要不過分需索、貪婪，就能生存下去，這是不必擔心的事實。需卦卦辭：「光亨、貞吉」，初九「无咎」，九二「終吉」，九三「敬慎不敗」，六四「出自穴」，九五「貞吉」，上六「敬之終吉」。雖然乾下坎上，大家都面對險難的挑戰，卻能夠安然無恙，關鍵在於一個「貞」字。人不可能沒有需求，必須依賴下乾的君子，具有良好品德修養，才能合理地加以節制，雖險而終能无咎。

我們一聽到訴訟，心裡多少都會有些害怕。然而，訟卦初六爻辭「終吉」，六三「終吉」，九四「安貞吉」，九五「元吉」，也都有可喜之處。主要關鍵，即在於一個「惕」字。大家都提高警覺，瞭解訴訟並不是好事情。有人認為不平則鳴，訴訟是討回公道的一種方式。然而古有明訓：「氣死不打官司」，因為爭訟難免花費時間精力，出庭應訊，還要忍受冷嘲熱諷，受冤枉氣。常見家財萬貫的人，被官司拖累到一貧如洗。何況官司纏身，精神壓力很大，心地善良的大多難以承受，所以訟卦爻辭「終凶」。不管原告或被告，都是兩敗俱傷。

不貪婪、不過分需求。不興訟，也不勸人打官司。一方面堅守合理的貞操，一方面以告人、被告為高度警惕，做到既不告人，也不被告，自然就能夠皆大歡喜。

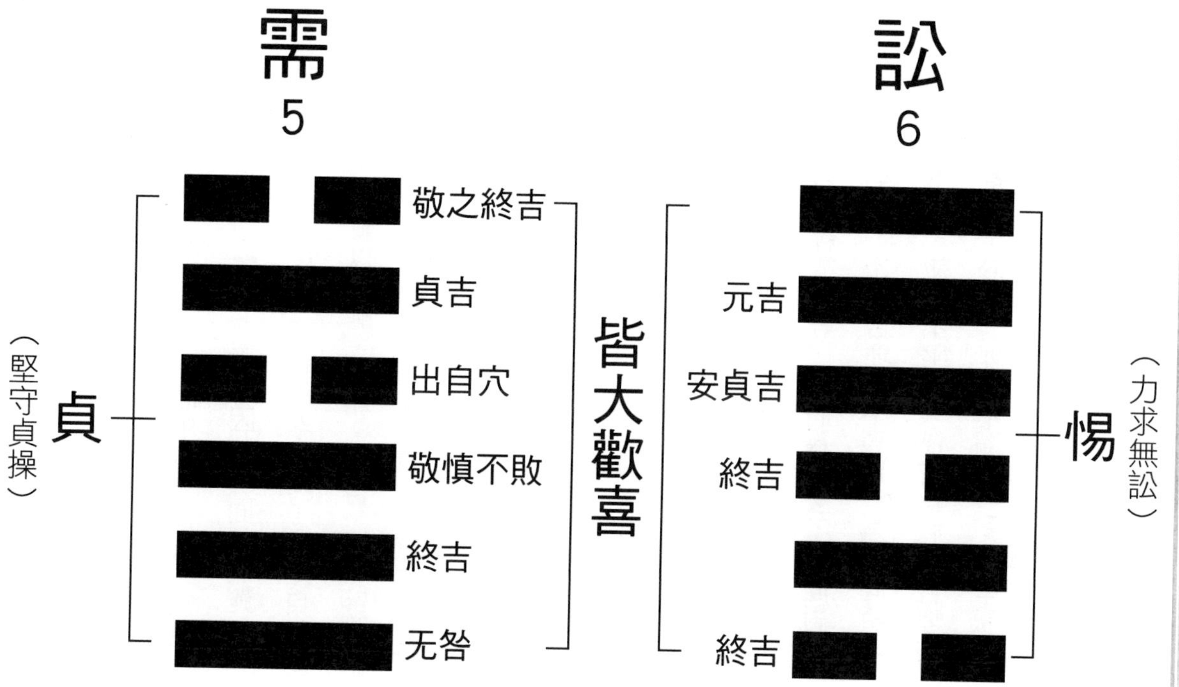
需
5
敬之終吉
貞吉
出自穴
敬慎不敗
終吉
无咎
貞
（堅守貞操）
皆大歡喜
訟
6
元吉
安貞吉
終吉
終吉
惕
（力求無訟）

四、不均不調難免爭訟不停

需卦（䷄）下乾，象徵健行；上坎，代表險難。有險難在前，健行不如暫時停下來，以待時機。否則欲速則不達，反而不妙。倘若一意孤行，強度關山，變成下坎上乾，那就成為訟卦（䷅）了。因為前面的險難，大多來自資源不足、機會有限、時機不對，以及情勢不利。人人為了滿足自己的需求，奮不顧身，難免造成不均的現象，又難以調解、調和、調合，自然就會引起爭訟。由於相打無好拳、相罵無好話，加上冤冤相報、循環不已，所以永難停止。

「不均」的意思，用現代話來說便是「不平等」。經濟平等，固然是一種理想，卻迄今無法達成。因為人的智慧不相等，勤惰不相同，而且機會也不充足。我們依據易學的精神，主張以合理的不平等，來代替做不到的平等。「不調」的原因，主要在於人人求平等，都不滿意現實的情況，以致很不容易調和。倘若大家明白合理的不平等，才是真正的平等，並且心平氣和地相互調合，自然就不會產生不均、不調的感覺，也就能夠逐漸消滅爭訟於無形。綜觀世界各國，根本就沒有任何一國，能夠真正做到經濟平等。我們為什麼不肯面對實際情況，改變自己的觀念，以「合理的不平等」、「合理的不滿足」為共同訴求呢？

為人民服務，為社會奉獻，使「不平等」逐漸趨於「合理的不平等」，使需求獲得合理的滿足，也就是滿足於「合理的不滿足」。把爭訟的精力和時間，用來行善濟困；以出庭費、車馬費、敗訴費來幫助貧苦學生，豈不是需卦和訟卦的最好應用，對人有益，也讓自己十分喜悅。

需 5

以合理的不平等，
來取代不可能的平等。
滿足於合理的不滿足，
因為沒有人能夠完全滿足。
為社會奉獻，
為人民服務。
克制自己的需求，
調和大眾的需要。

訟 6

欲速則不達，
勉強則容易引起爭訟。
不均、不調，為興訟的主因，
最好改變觀念以求無訟。
把訴訟的時間和精力，
用以奉獻人群社會。
將訴訟的費用，
拿來幫助貧苦的學生。

五・經濟發展必須共謀和平

在和平中求發展，是二十一世紀人類的重大課題。二〇〇八年爆發全球性金融風暴，便是現代人不知自我節制需求所引起的國際爭訟。這種無形的戰爭，帶來了極大的殺傷力。可惜大家的思惟，只在如何早日恢復的念頭上打轉，似乎並沒有悔悟的意思。人類是最健忘的動物，偏偏忘記的是最不該忘記的教訓。記住不良的習性，忘記應該改變的事項，所以一次又一次重蹈覆轍，愈陷愈深。

新自由主義，標榜自由市場、自由貿易、保障私有財產權、不能限制資金流動，原本喊喊口號也就罷了，不料英國柴契爾夫人和美國雷根總統，竟把它當作執政方針，一連串解除管制、金融自由化、減稅、國營事業私有化、削減公共開支與社會福利、補貼財團、鎮壓勞工運動的措施，透過政府的公權力，強迫第三世界開放市場，賤賣公產。全世界都沉溺在「全球化」的幻想中，逐漸造成可怕又可恥的M型社會，還視之為理所當然、勢所必然。富豪榜的出現，全身名牌把人的價值金錢化，卻還引以為傲，沾沾自喜。

現代在世界貿易組織和國際貨幣基金組織、世界銀行的統治下，無疑是在進行著另一場「鴉片戰爭」。以平等為包裝，推展不平等的貿易。這一次金融風暴，值得各國政府引以為戒。一方面警覺為政者一念之差，可能造成重大的危害；一方面慎防學術界自圓其說的理論，透過專業的包裝和行銷，很容易打動急於求績效的行政人員。中道往往為偏道所矇混，致使大家視而不見，實在是人類最大的不幸。

全球金融風暴

新自由主義，
自由市場、自由貿易、金融自由化，
透過世界組織、世界銀行，
隨著全球化浪潮，
打一場不一樣的「鴉片戰爭」。
強迫第三世界開放市場，
賤賣公產，推行私有化，
使跨國財團累積財富，
造成可恥的M型社會。

提醒大家重新思考，
把需卦和訟卦合起來想。
不可以只是期待恢復榮景，
最好能夠及時悔悟，
做出合理調整。
政府真的可以不管嗎？
每一樣事情都能夠委託民營嗎？
流動的熱錢不應該適當管制嗎？
現有不平等貿易合理嗎？

六・知足常樂人人都做得到

老子說：「知足不辱，知止不殆，可以長久。」一個人能夠自知滿足、安於所遇，就不會招惹恥辱上身。凡事適可而止，不做無限度的要求，就沒有危險。

資本主義創造了龐大繁華的都市，卻無法解決種種衍生而來的問題。至少到現在，已經証明都市的住宅、健康、交通和安寧，是令人失望的。然而，科技發展和市場經濟是強有力的誘惑，無論哪一地區、何種意識型態，除非放棄發展的機會，否則根本無法拒絕它們的巨大魅力。全球化的浪潮，實際上是由科技和市場在推動。大家在嚐到甜頭時，根本不明白後頭的災難，經常是不由自主地全身投入。

現代人類，習慣以利益掛帥。大家所說的文化衝突，離不開心裡所想的利害關係。美國九一一事件，告訴我們世界並不太平。真正的危機，在於人性的貪婪。科技發達，充分警示人類：任何衝突若是採取戰爭的方式解決，便是危險萬分。對話而不對抗，才能避免重蹈兩次世界大戰的覆轍，也避開人類毀滅的危機。但是對話只能增進彼此的瞭解，有助於寬容不同意見的交流，必須以一種大家都能接受的標準，來建立起共識。我們花費這麼多的時間和精力，把《易經》現代化、通俗化，便是由於二十一世紀人類，只有《易經》可以兼容並蓄，提供各式各樣意識型態，各自不同的主張，互相交流，建立共識的平台。它不是理論的，而是可以實際操作的。知足常樂，世界上任何種族、文化的人，只要真正明白「需」和「訟」的關係，合起來想而不分開來看，很快就會形成共識，彼此會心一笑！

人人都做得到。
不分開來看，
把需卦和訟卦合起來想，

資本主義創造了繁華都市，
卻不能解決都市問題。

科技發展，一旦由財團所控制，
全體人類都將失去自由。

市場經濟，其實是無形的經濟戰爭，
最好因全球金融風暴而知所調整。

知足常樂，必須建立起人類的共識，
易學的現代使命，有待大家共同努力。

知足常樂

我們的建議

1 七情六慾，原本是人之常情。倘若不知足，要求得過分，必然招致禍害。無論利欲、權欲、性欲、享受欲，都不能例外。把握住自己，約束好自己，才能自保。

2 現代人面對金錢的誘惑，很難不動心。生活中，我們都離不開錢。千萬記住：正當的所得，十分可敬，可以放心；不正當的錢，賺起來可惡，更加可怕。君子愛財，取之有道，才是需卦的智慧，千萬不要讓自己淪為金錢的奴隸。

3 節儉與養廉，是真正實踐需卦和訟卦的成果。節儉除了減少浪費、增加財產之外，主要功效在提高個人品德，增強廉能操守。儉能寡欲，寡欲則廉能，這是必然的道理。

4 自由過分擴張，造成強凌弱、智欺愚、大吃小、富壓貧的不良社會風氣。有強權而沒有公理，又造成貧富相差懸殊，有人富可敵國，有人飢寒交迫，那就不免天下大亂了！

5 資本主義自由競爭、自由發展，犧牲了平等的精神，形成不合理的不平等。易學倡導以合理的不平等代替行不通的平等，因為絕對的自由，有害於人類社會，而絕對的平等，也喪失了平等的精神，基本上只是一種假平等。

6 需要或等待，之所以會引起訴訟，主要原因，在於不明始生之難，而又教養不得其正。我們最好深一層推究屯（ㄓㄨㄣ）卦（䷂）和蒙卦（䷃）的道理，以期從根本做起，務求人人有涵養，大家都不需要訴訟。

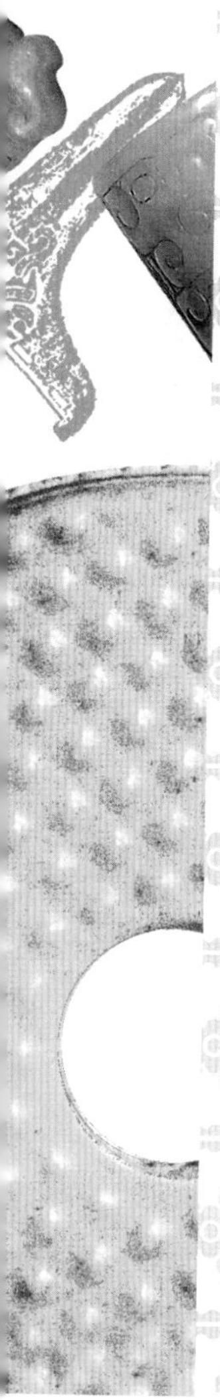

《第八章》

屯卦六爻
有什麼啟示？

開天闢地之後，萬物開始生長，
始生的動力，來自於堅強的生機力量。

大前提是不可以輕舉妄動，
因為屯ㄓㄨㄣˊ卦動乎險中，一動就有凶險。

謹慎小心，步步為營，以策安全，
最好的方式，就是不斷提高品德修養。

屯ㄓㄨㄣˊ卦具備「元、亨、利、貞」四德，
但是有「勿用」的侷限性。

動的時候，常常記住「勿用」，
站在不用的立場來用，務求穩妥。

尚未茁壯之前，不敵風雨的摧殘，
向下紮根，磨練一身好功夫，才是根本。

一．初九得位居正不宜輕進

屯卦（䷂）下震上坎，象徵動乎險中。一動便有危險，而不動等於坐以待斃。看起來非動不可，防患就好。

卦辭說：「屯，元、亨、利、貞，勿用有攸往，利建侯。」既然動乎險中，為什麼「元亨」呢？因為下卦為震，表示生機旺盛。只要堅守合理的貞操，必能順利向前發展。勿用、勿用，還是要用。但要注意不能亂用，所以不能夠隨意行動。「利建侯」其實是佔地盤的意思。草木始生，必須要有發芽、生長的空間。人生在世，務求佔有立足之地。

初九爻辭：「磐桓，利居貞，利建侯。」小象說：「雖磐桓，志行正也；以貴下賤，大得民也。」

「磐桓」是觀望不前的意思；「利居貞」表示對那些當位而又堅守合理操守的人，十分有利。初九是下震的主爻，而上卦為坎水，象徵具有風險。看到風險難免觀望不前，也是一種敬慎而不魯莽的良好態度。由於初九以陽爻居陽位，與六四又能相應。得位居正，就用不著擔心害怕。「建侯」的意思是封爵建國，對初九來說，實在十分遙遠。這裡所說的「利建侯」，應該是初九自己意志堅定，目標正大，又能向輔助封爵建國的賢明人士請教。就不必猶豫不定，可以放心地向前邁進，自然會有良好的效果。初九一陽，居六二、六三、六四之下。陽貴陰賤，一陽居數陰之下，象徵以貴下賤，表示初九有遠大志向，又能親和群眾。善於採納大家的意見，自然深得民心。用這樣的心態來建立地盤，必然有驚無險，能化險為夷，可以放心地進行。

屯ㄓㄨㄣ 3

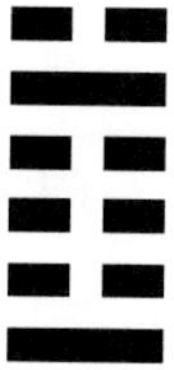

初九，磐ㄆㄢˊ桓ㄏㄨㄢˊ，利居貞，利建侯。

屯ㄓㄨㄣ卦的主旨在「勿用」，但是要建立有利的立足點。以初九的剛健生機，徘徊不前、徬徨不安地尋找有利的地盤，從地下向上冒進。屯卦下震上坎，象徵動乎險中。一動就有凶險，不動則是坐以待斃。幸好二、三、四爻都是陰爻，有坤地的象，表示只要初九陽氣充足，便能順利從地上冒出，獲得始生的喜悅。「利居貞」，找到有利的立足點，便不要亂動，好好經營，把根據地的根基紮穩。然後再「利建侯」，一步一步向上發展。

慎選立足點，打好根基，不要亂動。

二．六二雖遇艱難經久必改

屯卦（䷂）彖辭說：「屯，剛柔始交而難生。動乎險中，大亨貞。雷雨之動滿盈，天造草昧，宜建侯而不寧。」

〈序卦傳〉說：「有天地，然後萬物生焉，盈天地之間者唯萬物，故受之以屯。屯者盈也，屯者物之始生也。」乾天坤地演化萬物，充滿了天地之間，所以在乾卦、坤卦之後，緊接著便是屯卦。「屯」是陰陽二氣十分充盈，萬物因此開始萌生。陽剛與陰柔開始交合，而初生的情狀十分艱難，可以說是在危險的情況下運動發展，必須保持合理的操守，才能獲得吉祥亨通。開天闢地之後，雷雨交加，有利於萬物的生成，卻由於聚集、混雜、險難而造成不安寧，必須封爵建國，各有地盤而各守其分，才能化不安寧為安寧。

六二爻辭：「屯如，邅如。乘馬班如，匪寇，婚媾。女子貞不字，十年乃字。」小象說：「六二之難，乘剛也；十年乃字，反常也。」六二以陰爻乘初九之上，受到初九的干擾，是勢所必然。原本和九五相應，「乘馬」是前去會合的意思。現在初九近水樓台，威脅六二要嫁給他。六二騎在馬上，卻停滯（屯如）不前（邅如），顯得難以前進（班如）。初九並不是強盜，而是向六二求婚。六二以陰爻居下震的中位，為居中得正的女子，並不接受威脅，堅持很長的時間，也不肯答應。初九見六二堅持那麼久（十年是滿數，表示很久，不一定剛好十年），這種非常不容易的堅持，使初九放棄威脅。六二順利與九五成婚，破除了六二乘剛的苦難。六二階段，歸向九五也就是返回正應的力量，恢復常態，所以不可輕忽。

屯(ㄓㄨㄣ) 3 ䷂

六二，屯(ㄓㄨㄣ)如，邅(ㄓㄢ)如。乘馬班如，匪寇，婚媾(ㄍㄡˋ)。女子貞不字，十年乃字。

六二剛剛冒出地面，「屯(ㄓㄨㄣ)如」顯得艱難，「邅(ㄓㄢ)如」表示循環轉變，把持不定方向。遇到外來的剛強勢力，總認為不懷好意。就算是來求婚的，看見騎著馬卻遲疑不前的模樣，也以為是強盜前來搶奪財物。後來明白原來是求婚者，但是自己和九五早已有了婚約，因此斷然加以拒絕，糾纏一段時期才告平息，順利和九五完婚。爻辭啟示我們：一方面不能不和環境互動，以求適應；一方面應該堅定志向，保持合理的貞操。吃一些苦，受一些災難，對生長反而有利。

堅定志向，順應環境，以求順利生長。

三・六三即鹿妄動暫時勿進

屯卦（䷂）大象說：「雲雷，屯。君子以經綸。」上坎象徵天空烏雲密佈，下震表示雷聲震動，很容易想像始生的艱難。君子在創業階段，必須勤於經營。織絲時縱線為「經」，青色的絲帶叫「綸」，原本是抽理亂絲的意思，引申為治理自己的事業，必須從創業的開始，就特別加以重視。

打雷下雨時，雲和雷相互混雜，象徵社會複雜多變，最好能依據屯卦的道理，找出各種解決難題的方案。

六三爻辭說：「即鹿无虞，惟入于林中，君子幾，不如舍，往吝。」小象說：「即鹿無虞，以從禽也，君子舍之，往吝窮也。」六三以陰爻居陽位，本來就不當位，又接近上卦坎水，自然遭遇險阻。「即鹿」便是獵鹿，六三為人道的下爻，以追逐野鹿為例，鹿跑得很快，不容易追趕。「虞」是狩獵的嚮導，現在追逐野鹿卻沒有狩獵的嚮導，自然是空入林中而毫無所獲。明白事理的君子，有「幾」（見機行事）的修養，知道在這種情況下，不如捨棄。因為再堅持前往，盲目追入林中，必然陷入困境。在缺乏嚮導的情況下，追逐野鹿，等於沒有準備好，便任意從事打獵活動。君子適時捨棄，才是上策。因為再緊追不捨，便將陷入困窘的險境中。

初九因「得民」而有利於向前奮進。六二能堅守貞操，不為外界誘惑或威脅而改變初衷。六三「即鹿」，警示大家不應該輕舉妄動。這一路走來，象徵下卦雷震，即將突破上卦坎水而浮出水面。六三最接近坎水，不如暫時勿進，等待前途比較明朗或有安全保障時，才繼續前進。

屯 ㄓㄨㄣ 3

䷂

六三，即鹿无虞ㄩˊ，惟入於林中，君子幾ㄐㄧ，不如舍，往吝。

六三進入人道，環境更加複雜。最好提高警覺，不要沒有合適的嚮導，便冒然追逐野獸，以免闖入林中，反而迷失了自己。這時候必須審時度勢，見機行事。應該進才進，否則寧可捨棄，避免由於急進而造成不利。

山川險阻，不如人心兇險。見微知著，務求適可而止。

四、六四共濟時艱沒有不利

初九審時度勢，不敢輕進，是慎始的良好態度。六二以待字的閨女做譬喻，不受外界任何威脅。六二因初九而受阻，卻寧願苦等十年之久。十年的意思，是情況終將改變的常道。因為風水輪流轉，經常十年一變，就會亂極反治。六三的上下，分別為六四和六二，都是陰爻，不起比鄰的作用，與上六也不相應，有如打獵卻找不到嚮導，只好暫時勿進。勿用之用，在這三爻有不一樣的表現。

六四爻辭說：「乘馬班如，求婚媾（ㄍㄡˋ）；往吉，无不利。」小象說：「求而往，明也。」六四「乘馬班如」，和六二爻一樣，騎著馬要進不進的樣子，顯得難以前進。因為六四與初九相應，彼此早有婚約，而初九愛情不專，竟然向六二求婚。想到這裡，六四雖然當位，畢竟有些軟弱，這才欲進不前，十分猶豫。「往吉」的意思，是去了不會壞事。因為六二和九五相應，不可能受初九的威脅。經過這麼久的堅持，初九已經知道沒有希望。這時對於六四的到來，自然至表歡迎。當初九和六四都明白自己的處境時，要求相合而自動去做，當然獲得吉祥。和六三「往吝」的情況並不相同。因為六三沒有嚮導，相當於盲目狩獵，很可能徒取吝辱而無所得。六四明白自己的心願，也瞭解初九的心情，自然「往吉」。

六四以陰爻居陰位，承助在上的九五，只要共體時艱，便無不利。六四往求九五，象徵明白自己才能不足，能禮賢下士，請求初九同心協力，非常有自知之明。既能知己知彼，又能親自前往求助，當然是賢明的舉動。

屯(ㄓㄨㄣ) 3 ䷂

六四，乘馬班如，求婚媾(ㄍㄡˋ)，往吉，无不利。

六四和初九相應，初九剛開始並不明白，反而去糾纏六二，後來才知道自己找錯了對象。六四不計較這些往事，乘馬前往求婚。雖然有一些疑遲，卻應該受到鼓勵。放心前往，沒有不利。已經來到人道的上端，做人應該化解心結，不計前嫌。只要彼此明瞭實情，表達真意，也就可以互相配合了。

人品、地位、時期都配合，自然可以合作發展事業。

五、九五小貞未能大有作為

六三、六四是人道。六三不當位，必須重「幾」，在事態尚未明朗之前，做出合理判斷，以便見機行事。當進則進，不當進就要捨棄。六四當位，只要合情合理，自然順利有成。六三、六四的共同點，即在明辨所處情況，配合屯卦「勿用，有攸往」的大原則，以求漸次獲得發展。

九五爻辭說：「屯其膏。小，貞吉；大，貞凶。」

這裡所說的「屯」，和屯卦的屯不一樣。這裡的「屯」，是屯積的意思。「膏」是有潤澤的美好食物，用來和大家分享。九五以陰爻居上坎中位，既中又正，卻陷於坎險之中。上坎為水，屯積到相當程度，就會向下流動，以恩澤下面的六二。屯卦的上坎為水，雨水滋潤萬物，當然是一種恩澤。為什麼「小貞吉而大貞凶」呢？因為這裡的九五，是屯卦的九五，並不是乾卦的九五。就算將來有大發展，可以達到乾卦九五「飛龍在天」的境界，也不能忘記自己現在的處境，只不過是始生的狀態。有了一點積蓄，僅能小小的分享，才會吉祥。倘若擴大妄為，那就要招來凶險了！

九五小象說：「屯其膏，施未光也。」

「光」是廣的意思，「施」即分享。「施未光」表示不能廣大地施恩澤，以免在下的承受不了，反而有害。

「小貞吉」的用意，在提醒大家應該謹守本分，做適當合宜的事情。不能因為稍有發展，便誇大、吹噓，做出虛偽的宣傳，以免招惹凶險。「大貞凶」告訴我們：不一定大的必然就好，應該小的時候，還是以小為宜。

屯(ㄓㄨㄣ) 3 ䷂

九五，屯(ㄊㄨㄣˊ)其膏，小，貞吉；大，貞凶。

九五好不容易屯(ㄊㄨㄣˊ)積了一些可以滋潤大家的東西，樂於和大家分享，當然是好事情。但是，也不要忘記自己並不是乾卦的九五，而是屯(ㄓㄨㄣ)卦的九五，只適合自小而大，才能順利有成。倘若擴大妄為，那就不免要招來凶險了！

適度分享，不宜過分，以免招來凶險。

六・上六泣血不如急速返回

屯卦（䷂）的二、四、六爻，爻辭中都出現「乘馬班如」的字樣。因為屯卦的主旨是「勿用，有攸往」，彖辭明白指出「動乎險中」。初、三、五爻屬陽位，以動為主。初九磐桓不前，還是要動，才生得出來。六三不宜冒然前進，但還是要見機行事，不能完全捨棄。九五要和大家分享，雖然大不如小，依然要適時合理地施加恩澤。二、四、上爻，屬於陰位，應該以靜為主。「乘馬班如」的意思，是騎在馬背上，想要有所行動時，最好提醒自己：宜靜不宜動，想妥當了，準備好了，再採取合適的行動，更為穩妥。

上六爻辭說：「乘馬班如，泣血漣如。」

「泣」是哭泣，哭得雙眼出血，叫做「泣血」。「漣」是風吹拂水面所引起的波紋，「泣血漣如」表示不停地血淚交流。為什麼會這樣悽慘呢？因為九五居中得正，卻已經提出「小貞吉，大貞凶」的警示。屯卦剛剛始生，凡事應量力而為。上六以陰爻居陰位，自認為當位，便忘了自身的處境，來到上坎的極端屯難，為什麼還要乘馬呢？打算到哪裡去呢？難怪會「泣血漣如」，內心十分後悔。所以上六小象說：「泣血漣如，何可長也？」這樣的情境，當然不能維持長久。那要怎麼辦呢？急速返回，應該是良好的因應方式。冷靜想一想，以屯卦的處境，怎麼可能「元亨利貞」呢？便是時刻記住「動乎險中」的警訊，不宜輕舉妄動，卻又不能坐以待斃。於是時而動、時而靜，隨時洞察周遭的變化，掌握所有的資訊，務求動靜咸宜，以期在險難中磨練自己，在成長中練就一身好功夫。

屯ㄓㄨㄣ 3 ䷂

上六，乘馬班如，泣血漣如。

物極必反，似乎是不易的道理。屯ㄓㄨㄣ卦下震上坎，上下都屬於陽卦。但是陰爻佔三分之二，仍然控制全卦。屯ㄓㄨㄣ卦上六，好像也難逃坤卦上六「其血玄黃」的命運，血淚交流，顯得十分頹喪的樣子。在成長過程中，倘若遇到實在前進不得的情況，何妨急速回轉，再作其他打算呢？

凡事適可而止，若是艱難至極，何不急速回轉，再做打算？

我們的建議

1 屯卦（䷂）緊跟在乾坤兩卦之後，告訴我們剛開始的時候，千萬不要忘記自己是生手，凡事不夠熟練，情境也不夠熟悉。必須德本才末，時刻不忘提升自己的品德修養，以穩紮穩打的方式，動乎險中，即使不成功也能學得一身好功夫。

2 不要一開始就要做大做強，以免誇張、虛偽、不實在。基本功不行，就要亂出手腳，不是被人家腰斬，便是自己跳樓輕生。多學、多問、多想，打好基礎最重要。

3 年輕人初出茅廬，心中可以懷有大志，卻不宜在言語或行動上展露鋒芒，以免得罪他人，招惹妒忌，造成阻礙甚至引來凶險。乾卦的初九，尚且「潛龍勿用」，何況屯卦？可以說整個屯卦，都是以「潛龍勿用」為總原則。

4 「勿用」便是「要用」。「動乎險中」，也不能不動。只是不同的階段，會面對不一樣的艱難險阻，適時做出合理的調整，以資因應，才是順利生長、適度發展的最佳保障。

5 做人要從自己做起，屯卦是始生階段，哪裡有能力去照顧別人？把自己做好，已經非常不容易。倘若沒有天（父）地（母）的教養，哪裡活得成！不忘根本、禮拜天地、孝敬父母，是理所當然的事情。

6 生下來做人，最優先的事情，便是適當地啟蒙。所以屯卦之後，便是蒙卦（䷃）。我們一眼便能看出它是屯卦的綜卦。真義如何？下一章讓我們來一探究竟。

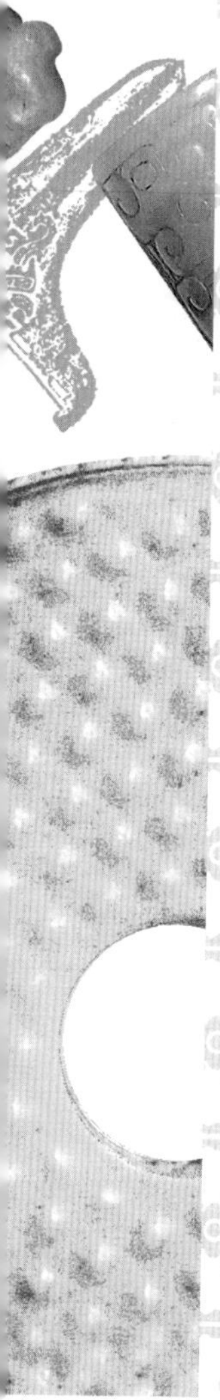

《第九章》

蒙卦六爻
有什麼啟示？

蒙卦上困於山，下止於水，
不知如何是好，顯得十分蒙昧。

最好向長者請教，並且要自動自發，
有誠心，肯用心，施教才有效果。

一方面啟蒙教育，一方面司法刑獄，
愛心與嚴管兼顧並重，才能夠有效。

上卦為艮ㄍㄣˋ，象徵仁者樂山，是好老師；
下卦為水，象徵智者樂水，是好學生。

老師不隨便生氣，學生才敢請教。
學生有好奇心，不遇險即止，才能多學。

學習，真學習，終生學習，
由蒙昧進入文明，再循序發展。

一・初六發蒙不宜操之過急

蒙卦（䷃）下卦為坎，上卦為艮。象徵前有山、後又水。水被山阻擋，終將沖破、滲透而流出，有逐漸開啟蒙昧的意思。蒙卦在屯卦之後，表示初生之時，蒙昧幼稚，尚待明師啟蒙。所以卦辭說：「蒙，亨。匪我求童蒙，童蒙求我。初筮告，再三瀆，瀆則不告。利貞。」「蒙亨」的意思，是合理啟蒙自然亨通。反過來說，不蒙便不亨了。「童蒙」原意是兒童幼稚無知，引申為教育指導。我們常說：可以牽牛到有草的地方，卻不能叫牛吃草。教育也是如此，重「來學」而難於「往教」。「匪」即非，「我」是施教者，「童蒙」則是指受教者。不應該由施教者去教育受教者，而是要由受教者來求教於施教者。我們用占筮做譬喻，初次來問卜，得到凶的訊息，要不要相信呢？倘若不相信，還要再求卜，那就是褻瀆，根本不尊敬占筮者，此時就不能告訴他占筮的結果。施教者和受教者雙方面，若是都能保持貞正的品德修養，彼此都將獲得好處。

初六爻辭：「發蒙，利用刑人，用說桎梏；以往吝。」這裡的「刑」通型字，為楷模的意思。用樹立楷模的方式，來啟發蒙昧幼稚的人。「說」通脫字，「桎梏」指木製的刑具，在這裡指脫去刑具，不究既往，用愛心來啟蒙。告訴我們：對初來受教的人，宜寬不宜急，以免因急於求得效果而造成遺憾。初六陰柔在下，最好能給予良好的典範，鼓勵其用心學習。即使剛開始學不好，也用不著操之過急，以免造成反效果。

小象說：「利用刑人，以正法也。」「正法」即合理的方法，利用楷模只是其中的一種，還有其他方法可以慎用。

蒙 4

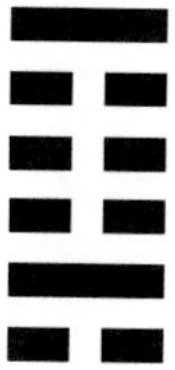

初六，發蒙，利用刑人，用說(ㄊㄨㄛ)桎(ㄓˋ)梏(ㄍㄨˋ)；以往吝。

初六以陰爻居陽位，象徵愚而好自用的人。九二以陽光照耀初六，便是啟發初六的蒙昧，稱為「發蒙」。這時候最好的方法，是提供模範使其自行模仿、學習。愚昧的人，好像手銬腳鐐加在自己身上，妨害自己的思慮和言行，最好能幫助他解脫愚昧的束縛，恢復原來的自由。用愛心來啟蒙，不究既往。因為操之過急，將會產生反效果，造成遺憾。

提供楷模，使愚而好自用的人獲得啟發。

二、九二包蒙力求溫和善良

蒙卦（䷃）彖辭說：「蒙，山下有險，險而止，蒙。蒙亨，以亨行，時中也；匪我求童蒙，童蒙求我，志應也；初筮告，以剛中也；再三瀆，瀆則不告，瀆蒙也；蒙以養正，聖功也。」蒙卦下坎上艮，艮為山，坎為險，是山下有險的象。遇到險阻便裹足不前，稱為「險而止」，當然愚昧而不能解決問題。愚昧的人，倘若不明白自己的情況，那就不能亨通。想要亨通，就需要啟蒙。「時中」指適時合理的施教，力求適可而止。受教者要有誠意，用心向施教者請教。有問道的意向和決心，才能和施教者密切相應。初次告訴他道理，他不一定相信，又再三請問。這種態度，若不是對老師不敬，便是自己真的太愚蠢。不敬的人，不必再教導他；愚蠢的人，不妨溫和善良地教導他。使其明白正道，才是好功德。

九二爻辭：「包蒙，吉。納婦，吉；子克家。」

蒙卦四陰二陽，上九剛健而不當位，缺乏容人的雅量。九二陽剛而居於下卦中位，光耀照及初六和六三，善於包容這些蒙昧的人，所以說「包蒙」，當然吉祥。上與六五相應，有如夫唱婦隨，因此稱為「納婦，吉」。有夫婦然後有父子，「子」即子女，不論生男育女，都能夠克承家業。

小象說：「子克家，剛柔節也。」

象辭所說的「志應」，表現在九二與六五的剛柔相應。九二身處初六、六三、六四、六五這四陰爻之中，具有上下包蒙的重責大任，必須剛柔適當節制，溫和善良，以收克承家業的功效。內外同心、上下相應，才叫做「包蒙」。

蒙 4 ䷃

九二，包蒙，吉。納婦，吉；子克家。

九二上下都是陰爻，象徵陽光四射，照耀四方八面，有包容陰霾的雅量。上與六五相應，有如夫唱婦隨，十分吉祥。這樣的家庭、子女教養良好，能夠克承家業，當然也很吉順。「包蒙」的現代意義是「參考力」，上下都認定九二品德良好，紛紛向他看齊，於是就能產生很好的影響力。

適時發揮參考力，使大家樂於仿效。

三、六三金夫為物欲的外誘

蒙卦（䷃）象辭：「山下出泉，蒙，君子以果行育德。」

下卦坎即水（泉），上卦艮即山，象徵山下出泉，雖然水量不大，有蒙昧而不知流到哪裡的感覺，卻顯示出果敢向前的勇氣可嘉。君子看到這種景象，最好反求諸己，也應該以果敢的行為，來培育出良好的品德。

啟蒙的作用，不一定能立即看出成果，著重於把握正確的方向，尋找合理的方法，培養良好的道德修養。

初六「啟蒙」，九二「包蒙」，現在來到下坎的上爻，忽然蒙昧大開，遇著各種物質的誘惑，該如何因應呢？

請看六三爻辭：「勿用取女，見金夫，不有躬，无攸利。」小象說：「勿用取女，行不順也。」

「取女」即娶女為妻，在這裡譬喻六三與上九相應，好像遇見位尊而多金的男子，也就是「金夫」，便不顧禮俗，要主動跑去嫁給他。六三「不有躬」，忘記了自己是女兒身，不應該這樣，所以「无攸利」，沒有什麼好處。下坎是施教者，上艮為受教者。施教者看見多金的富家子弟，便不由自主地見異思遷，不好好教導其他的人，專門想教多金的子弟。這樣的師道，還有什麼尊嚴？重視物質誘惑，忽略了自身的師道，實在是現代社會師道掃地的真實寫照。行為不正的女子，不可以娶為妻。師道不尊，又怎麼能夠以他為師呢？「行不順也」，便是所表現的行為，根本不合乎道理，當然不應該順從。山下出泉，倘若不能順暢，一點一滴，必然滴水穿石，反而造成傷害。好為人師者，務請自重。

蒙 ䷃ 六三，勿用取女，見金夫，不有躬，无攸利。
4

金錢掛帥，專門招收富家子弟，高學費、包考中，這樣的社會怪象，可以從六三爻中得到反思。六三爻譬喻女子遇見位尊而多金的男子（上九），便不顧一切，想盡辦法要嫁給他。不明白自己的身分，也不考慮自己的行為，帶給人家什麼樣的觀感？這種不守婦道、不明師道的現象，當然沒有好處。

遇到好為人師卻不重師道的人，最好敬而遠之。

四．六四困蒙象徵無師無友

蒙卦（䷃）下坎為水，上艮為山。象徵原本清潔純淨的水，被圍困在重重山峰之中。好比人與生俱來的良知良能，為混雜污穢的世事所蒙蔽，卻難以自知自覺。

六四爻辭說：「困蒙，吝。」小象說：「困蒙之吝，獨遠實也。」六四以陰爻居陰位，固然當位，卻由於鄰近的六三和六五兩爻，也都是陰爻，使得六四和九二、上九都相隔很遠，被困在蒙昧之中。對於實際情況，並不瞭解，相當於無師無友，所以備受「困蒙」的羞吝，有說不出的苦衷。我們若是將下坎當做施教者，那麼上艮便成為受教者。遇到困惑，又不敢開口請教。或者明師難求，左找右找都找不到，便是陷入「困蒙」的苦境，有難以言喻的苦衷，恐怕只有自己明白。六四上下都是陰爻，象徵和良師益友的距離都很遠，只能徒嘆奈何！

事實的真相，經常被蒙蔽。各種資訊，由於彼此立場不同，常常有所偏頗。在這種情況下，如果缺乏良師益友的適時啟發和指導，便很難揭開蒙蔽，看清楚事實的真相。我們常說「年少慎擇師」，便是慎擇明師學習，以期開啟智慧，突破蒙昧，獲得處理危機的知能，以求及時脫離險境。

現代人重知識而輕智慧，導致書讀愈多，對道理的明白和實踐愈不理想。因為智慧不開，所讀的書都不能活用，簡直成為兩腳書櫥。必須開啟智慧，能夠活用所學的知能，才是脫離困蒙的良策。因此良師益友，對現代人來說，更加重要。坊間書籍汗牛充棟，何者可讀？何者不可讀？就有待良師加以鑑定，因為現代社會，往往是開卷未必有益，反而經常受害。

蒙 4

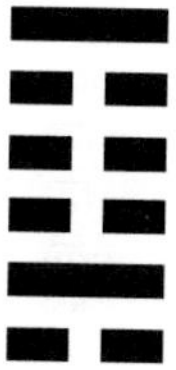

六四，困蒙，吝。

六四表示缺乏良師益友的受教者，自己蒙昧，又處於六三、六五兩陰爻之中，無法看清楚事物的真相，也找不到適當的人可以請教，因為距離九二、上九都很遙遠。在這種困蒙的情況下，實在是有口難言、有苦難說。

年輕慎擇師，年老慎擇徒。

五．六五虛心受教易於啟發

六五爻辭：「童蒙，吉。」小象說：「童蒙之吉，順以巽也。」兒童雖然幼稚無知，好像一張白紙，卻很方便加以塑染。因為幼稚無知，並不代表愚蠢，沒有主見和成見，反而易於教導成才。六五以陰爻居陽位，又在上艮之中，顯然是才位並不相符，必須及早加以教導和輔助。幸好有九二相應，象徵獲得明師的啟蒙，相信很快就會有好成績，所以吉順。「順」的意思，是虛心受教。「巽」的用意，來自六五和上九的關係，陰爻（六五）在陽爻（上九）之下，為柔承剛，所以順而善。

（⚎）也有巽（☴）的象，表示受教者虛心受教，知識便容易注入了。倘若不虛心學習，自以為是，那就不是童蒙，而是愚蠢的人，沒有能力做出正確的選擇。

六五是陰爻，有一天學而有成，變成陽爻，於是原來的下坎上艮（蒙卦），變成下坎上巽（渙卦）。那時候風在上、水在下，象徵風調雨順，容光煥發，早已脫離童蒙的無知了。九二是良師，剛柔適宜，又能包蒙，有教無類地熱心施教。六五童蒙，能否學成大器，完全看兩爻互動的效果。學生主動虛心請教，教師慎重因材施教，當然會有良好效果。「蒙」的意思，是蒙昧、幼稚、不明。二、三、四爻構成震卦（☳），以九二良師，震動六三「金夫」，減少外界誘惑，並且消滅六四困蒙。三、四、五爻構成坤卦（☷），表示六三不能不柔順，以免師道掃地。而六四困蒙、六五童蒙，也應該跳脫無師無友的困境，虛心受教，以求早日脫離蒙昧而趨於善良。柔順的態度，對教育的效果有很大助益。

蒙 4

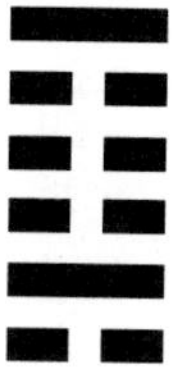

六五，童蒙，吉。

六五以陰爻居陽位，又在上艮ㄍㄣˋ的中爻，顯然才位並不相符。幸好童蒙並非愚蠢，只是幼稚無知，倘若虛心受教，必然易於啟發。因為沒有主見，不會堅持己見；沒有偏見，更加方便施教。六五與九二相應，表示慎選明師，以免誤導。有明師諄諄善誘，自己又虛心受教，自然吉順。

不怕不會，只怕不用心學習。

六・上九擊蒙不宜過分嚴苛

上九爻辭：「擊蒙，不利為寇，利禦寇。」

蒙卦上九，居全卦極位，象徵教育的窮途末路。當一切柔順的方法，都不能奏效時，只好採取非常手段，訴諸打擊。企求透過強制的方式，來打破蒙昧的狀況。「寇」是盜匪、敵人。當盜匪、敵人來襲時，必然盡全力打擊，十分兇猛。「不利為寇」的意思，是不能像盜匪、敵人那樣，毒打受教者。「利禦寇」，則是採取抵禦盜匪、敵人來侵時，那種敬慎小心的態度。為了增進教學效果，適當的體罰是必要的。然而態度要謹慎，方法要慎重，不應該過分暴烈。

應不應該體罰？要不要打？是現代教育界熱烈討論的課題。依據易學的思維，我們認為「不必要浪費時間，研討這些問題」。因為「打不打，要不要打，應不應該打？」實際上並不重要。重點是：「怎麼打才重要！」

上九以剛爻居極位，象徵剛強、暴虐的極端舉動。這是十分可怕的警惕，告誡施教者最好明辨「為寇」和「禦寇」的不同。採取「為寇」的態度，遲早打出問題；慎用「禦寇」的方式，才能達到小象所說：「利用禦寇，上下順也。」的效果。「上下順」的「上」，指施教者；「下」，即受教者。老師和學生能夠關係和順，必須平日相處融洽，互敬互愛。施行「擊蒙」時，彼此能感受到「打在你身，痛在我心」，處罰才能收到實效。倘若師生之間，只有金錢、利害關係，缺乏濃厚的感情，那就不用打了。追根究柢，廢止體罰的爭議，原本就是師生關係不正所衍生的效應。箇中因果，值得大家深思。

蒙 ䷃
4

上九，擊蒙，不利為寇，利禦寇。

教育應先由「包蒙」、「發蒙」著手，實在沒有辦法時，才訴諸「擊蒙」。上九以陽剛居全卦極位，象徵體罰是教育的最後手段。但是過分剛強，勢必會引起反效果。所以可以採取「抵禦敵寇」的心態，卻不宜抱持「盜寇入侵」的暴虐心情，以免傷害愚蒙，使師生關係產生不順、不正的不良現象。

不必研討要不要打，而是多關心怎麼打？以求穩妥有效。

我們的建議

1 年幼無知，有待合理的啟蒙。父母養而不教，寵壞兒子害自己全家，寵壞女兒則害別人全家。用強硬的方式會招致反感，因此不能操之過急，用心、耐心更需要愛心。

2 「包蒙」的現代用語為「參考力」。不管身居何處，都應該把自己的品德修治好，發揮向上、向下、向左、向右的影響力。由於不宜強制，也不能自誇，必須由他人自行認定，認為具有參考的價值，才能發揮力量，所以稱為「參考力」。

3 師道尊嚴，是蒙卦的重點。教育事業企業化，一切向錢看，教育風氣敗壞，充滿了好為人師，卻不重視師道的人。上樑不正，教出來的學生當然變本加厲，使得下樑更加歪斜了。

4 現代文化事業，重視企業經營，炒作書籍，控制通路，蒙蔽讀者，形成另一種「困蒙」。資訊氾濫，知識爆炸，讀者分不清楚哪些書該看、可看，只好盲目相信排行榜。正好提供炒作的機會，令人不禁心酸。

5 古人認為文章千古事，不敢胡亂下筆。現代人講求速度、快寫、快印、快銷，結果真的很快就消失不見。開卷有益，是古時候的美事。現代人必須慎防開卷受害，最好有明師指點，再按照自己的需求，選擇合適的讀物。

6 「蒙」可能是一陣清、一陣蒙，很難清了以後，保証不再蒙。所以人人都需要終生學習。忙到沒有時間讀書的人，自己被蒙在鼓裡而不自知，這才是最可怕的事情。

《第十章》

屯卦到比卦

如何發展？

《易經》六十四卦的順序，
有一定的內在關係，不可割裂。

「屯ㄓㄨㄣ卦」象徵始生的艱難，
「蒙卦」表示萬物剛生成時，必有蒙昧。

萬物幼稚、蒙昧，不能不加以養育，
需卦的重點，即在合理滿足各種需求。

供需失調，必然引起爭訟，
爭訟太甚，勢必造成興師動眾。

師卦緊接著訟卦，促使大家警覺，
不打仗也可以親比，在和諧中互動合作。

從屯ㄓㄨㄣ卦到比卦，卦卦相連接，
只要有一卦發生問題，就會影響到全局。

一、從屯（ㄓㄨㄣ）到比六者都有坎險

屯（ㄓㄨㄣ）卦（䷂）震下坎上，蒙卦（䷃）坎下艮（ㄍㄣˋ）上，需卦（䷄）乾下坎上，訟卦（䷅）坎下乾上，師卦（䷆）坎下坤上，比卦（䷇）坤下坎上。六卦的共同點，便是都有坎險（☵）的象。

卦象啟示我們：人一生下來，就和艱難險阻脫不了關係。屯（ㄓㄨㄣ）卦的主旨，在不畏危難，想辦法衝出困境。蒙卦的主旨，要我們重視培訓，使自己早日從愚昧中得到啟發，具有終生學習的決心，能夠不斷充實，做好合理的階段性調整。需卦（䷄）的用意，在提醒大家：有了知識，提升能力之後，可能產生很多不必要的需求，誘惑自己走入偏道，那就更加危險。應該見機行事，適時採取合理行動為宜。訟卦（䷅）是需求過分或不合理，所引起的爭辯、訴訟，最好抱持消弭爭端的心態，凡事都謀求「慎始」，力求做到「不訟」。師卦（䷆）的克敵致勝原則，是軍隊最好備而不用，不主動求戰，以免引起更嚴重的後患。然而為了防患於未然，也不得不用心研究，才能安不忘危，做好萬全準備。比卦（䷇）的道理，人人都應該熟悉，使自己在領導和被領導之中，擇善而從，彼此之間，建立起良好的親比關係。因為人是群居的動物，獨力難成大事。必須養成合群的習慣，互相幫助，彼此照顧。才能同心協力，完成預期目標。

人的一生，充滿了艱難險阻，害怕沒有用，想逃也逃不掉。最好有心理準備，時刻記住：「天有不測風雲，人有旦夕禍福」，提高警覺，隨時謹慎小心。採取步步為營的態度，盡人事以聽天命。生活自然愉快，顯得很有意義。

屯（ㄓㄨㄣ）	蒙	需	訟	師	比
3	4	5	6	7	8
䷂	䷃	䷄	䷅	䷆	䷇
下震上坎	下坎上艮（ㄍㄣˋ）	下乾上坎	下坎上乾	下坎上坤	下坤上坎
水雷屯（ㄓㄨㄣ）	山水蒙	水天需	天水訟	地水師	水地比

或上或下，都有坎（☵）象。

屯	蒙	需	訟	師	比
不畏危難，設法突破。	重視培訓，終生學習。	見機行事，克制欲望。	謀求慎始，減少訴訟。	不能侵人，安不忘危。	彼此親比，同心協力。

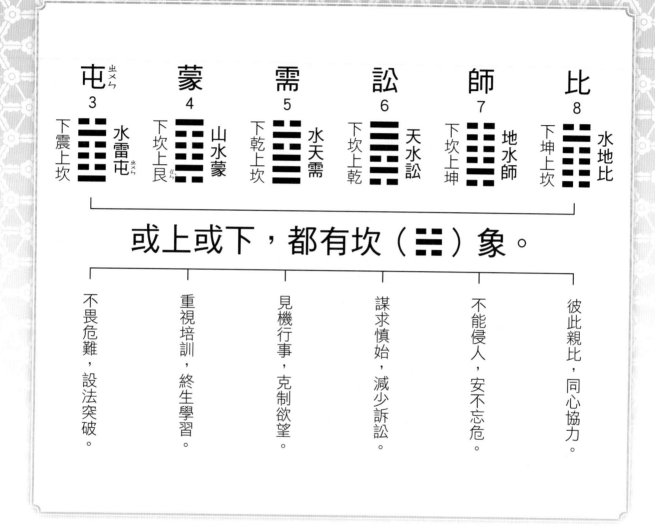

二、每兩卦相綜對立而統一

屯卦（䷂）和蒙卦（䷃）相綜，需卦（䷄）與訟卦（䷅）相綜，而師卦（䷆）和比卦（䷇）也剛好互為綜卦。

屯卦雷雨交加，必須小心應對。蒙卦山下出泉，最好善加引導。嬰兒出生之際，母親處於險境，所以生日就是母難日。即使現代醫學發達，生產的安全度相對提高許多，仍需承受懷胎十月與分娩過程的艱苦。呱呱墜地之後，幼稚蒙昧，需要父母的教養，蒙卦便應運而生，緊接著屯卦之後，構成「屯」、「蒙」的相對統一關係。生而不教，不如不生；養而不教，必然害己害人。養子不教父之過，屯蒙兩卦看似相對，實際上卻密不可分，必須加以統一。

需卦出於物欲，最好自律，加以合理的節制。訟卦來自人情的不正常，翻臉無情，才會引起訴訟。人類生活，必須獲得適當的物質，但是欲望無窮，需索過度，就會造成爭奪的糾紛。最好明白爭訟的結果，將造成兩敗俱傷。敗訴不利，勝訴也會種下隨時可能遭遇報復的後遺症，令人十分不安。根本解決之道，在於做好格物、致知的功課，先求適當約束自己的需求，凡事慎始，務求達到「無訟」的境界。

師卦興師動眾，你爭我奪。比卦同心協力，互助互惠。看似完全不同，實際上都和領導與被領導有密切的關係。領導群眾，可以用來征戰侵略，也可以用來和平發展。二十一世紀人類已經沒有戰爭的條件，擺在眼前的唯一道路，即是和平發展。所以比卦的重要性，已經日趨明顯。把師卦和比卦合起來想，而不分開來看，將可以收到更好的效果。

師：憂。䷆ 比：樂。

需：不進。䷄ 訟：不親。

屯（ㄓㄨㄣ）：始難。䷂ 蒙：蒙昧。

兩兩相綜，
看似相對，
實則統一。

三、一般動植物只知屯蒙需

一般動、植物只有本能，頂多發展到需卦，缺乏訟、師、比的意識。和人類比較起來，顯得單純而沒有太多的變化。

屯卦象徵萬物的始生，一般動、植物都要經過這樣的情境。實際上「屯」字的形象，便是種子在泥土中，於地面上剛剛萌芽的樣子。地下的根莖彎曲難伸，必須經過一段奮鬥，才能冒出地面。所萌發的芽苗，也很難迅速生長，需要足夠的水分，才能順利生長。動物剛出生時，都有一定的難度。必須在困難的環境中，完成元、亨、利、貞的過程。

蒙卦表示「摸著石頭過河」的嘗試錯誤過程，在自然環境中，摸索出適應的方式，以求生存發展。植物不能移動，只能原地尋覓最有利的生存方式，力求壯大。動物比較方便，可以透過移動的方式，尋求生存的利基。自我啟發、適者生存，是動、植物共有的啟蒙方法。

需卦代表緩進暫止的情況，動、植物的需求，各有不同，卻同樣具有相當的侷限性。植物不能在夜間進行光合作用，只能在白天盡力而為。動物平均每天要花費六小時以上，來尋覓食物維持生存，否則便要挨餓。

至於訟卦、師卦和比卦，動、植物就算有爭奪、有相殘，也有成群結隊，卻僅限於本能的需求，並未形成這些方面的意識型態。不像人類，由屯卦到比卦，可以說一路相隨，程度上各有不同，但發展的程序和過程，幾乎一樣。人類有創造力，可以朝各方面發展，有正便有偏，有好就有壞，符合有陰即有陽的自然法則。最佳的途徑，便是自求多福了。

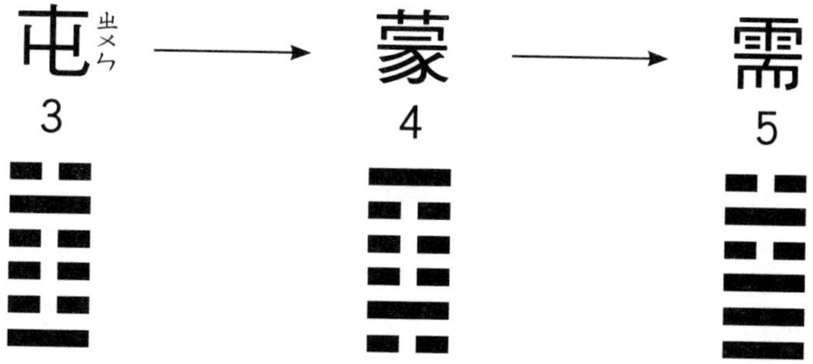

種子發芽，十分艱難，好不容易鑽出地面。

尋找生存的利基，摸索當時、當地的環境，找出一條生路。

需要水分和營養，依適者生存的法則，各自尋求滿足。

四、人類對訟師比愈加重視

人類向大自然學習，在優勝劣敗、適者生存的思惟下，不斷研究如何維持生存並滿足所需。我們不但多方面加強生育的安全，在優生方面也加快應用的步伐。以致引發許多懷疑，認為優生的目的，在於消除低等人口，這樣的想法豈不十分可怕？我們對很多事情，既沒有充分的認知，討論得不夠嚴謹，對它的應用也過分寬容。沒有仔細評估可能引起的社會後果，因此產生許多意料不到的訴訟。同時，大學裡的法律系極為熱門，每年都會有大量畢業生投入就業市場，為了充分就業，不得不利用一般人「二分法」的思維方式，把「德治」和「法治」分開來看。過分提高「法治」的地位，卻極力貶低「德治」的價值。殊不知德治原本就包含了法治在內，從立法、執法到司法，都必須要能合乎良心與道德的要求。缺乏德治的生活，根本就是用法律來愚弄人民。特別是使用漢字來立法，緊急時與平時的解釋經常不一致。法官的認知和檢察官也可能不一致，造成很大的誤差。從執法到司法，無不充滿著不信任的無奈感。德治以法治為基礎，才可能做到無訟的和諧社會。過分重視法治忽略德治，推及國際，不免引發戰爭。甚至於對內的親比，也成為權利與義務的拉鋸關係，這正是道德淪喪、只知法治的後果。我們不能單純因為道德無法量化，很難訂定具體的評量標準，便輕易放棄。科學研究是一種沒有明確目標的過程，我們無法預料它的結果是否對人類有益？因為科學工作的本質就是無法預料，所以我們更應該加強科學工作者的道德修養。大家建立共識，只能把對人類有益的研究結果公佈出來，對有害社會人群的研究，則必須加以合理限制。

德治＝法治＋良心

憑良心制訂法律，使法律合乎道德的要求。

＋

憑良心依法行事，使執法合乎道德的要求。

＋

憑良心依法審理，使司法合乎道德的要求。

二分法思惟

合而為一才合理

五、從元亨利貞看六卦變化

屯（ㄓㄨㄣ）卦（䷂）緊接在乾（䷀）、坤（䷁）兩卦的後面，象徵萬物的始生十分艱難，也帶有很多風險。屯（ㄓㄨㄣ）卦和乾、坤兩卦一樣，具有元、亨、利、貞四德，表示萬物始生，務須加倍注意，建立良好的開始，才有成功的希望。倘若一開始便重下了不良因素，將來勢必造成不良的後果。蒙卦（䷃）、需卦（䷄）、訟卦（䷅）和師卦（䷆），卦辭上就沒有「元」字，象徵開頭固然十分重要，萬一開頭不如意時，也應該發揮自己的能力加以補救。不能夠把所有責任，都推給開始。因為先天不足，後天更應該謹慎小心，以求補強或修正。蒙卦的「亨，利貞」，意思是始生時從危難中衝出來，難免有很多蒙昧不明的地方。只要適當啟蒙，仍然能夠亨通。勉勵大家重視教育文化，以期由蒙而明，由童入聖。需卦的「亨、利、貞」，同樣告訴大家，剛開始所產生的念頭，實在很不容易把持，不論什麼樣的需求，都有可能產生。這時必須「有孚」，養成誠信的習慣，做為過濾需求的關卡，才能夠「光亨，貞吉。利涉大川」。至於訟卦（䷅）的本質，根本不可能「亨、利、貞」，即使再講求誠信，也是「終凶」。得饒人處且饒人，有時看起來軟弱，其實不然。最好不訟，以求化解；不得已而訟，也應該適可而止，不要使勝負分明，以免引起報復。師卦（䷆）有一個「貞」字，特別強調只能為正義而戰。現代戰爭，提出許多冠冕堂皇的正當性，可惜很多是虛假的。比卦（䷇）是一開始就要做的，所以有「元」字。一開始就走正道，誠心誠意地互相親比，最為可貴。

比 8 ䷇ 水地比
元、貞。

師 7 ䷆ 地水師
貞。

訟 6 ䷅ 天水訟
終凶。

需 5 ䷄ 水天需
亨、利、貞。

蒙 4 ䷃ 山水蒙
亨、利、貞。

屯（ㄓㄨㄣ） 3 ䷂ 水雷屯（ㄓㄨㄣ）
元、亨、利、貞。

六・屯比六卦對現代的啟示

屯卦（䷂）象徵創業維艱，繼承者必須尊重先人的理念，加以合理的傳承。不應該說改就改、想變就變，辜負了先人的一片苦心。創業有成的人士，更應該重視蒙卦（䷃），切記富貴人家若是不能好好教育下一代，不但自己的理想難以繼承，也會害慘子孫，了不起充當「富不過三代」的見証。啟發蒙昧，是每一個人時時刻刻都應該重視的課題。稍有自滿，自認為懂得很多的時候，離險境也就不遠了。

活到老學到老，必須言行一致，切實躬親實踐。對於需求，最好以合理為度，力求無過與不及。這兩種修養，都是高難度的，很難做到。有些事是知難行易，這兩件事卻是知易行難。每個人都掛在嘴邊，卻很少有人做到。

訴訟好像是現代人的生活必需品，不是告人，就是成為被告。早已把「終凶」的警惕，忘得一乾二淨。我們只能以「合理」為標準，適當地透過訴訟的手段來化解問題。反正人人必須自作自受，不必在「什麼叫做合理」上面做文章。

師卦（䷆）用來發揚師道，應該是當務之急。現代人經濟掛帥，一切都趨於商業炒作，更需要有真正的「明師」來指點迷津。名師太多、明師難尋，實在是現代人最大的悲哀。比卦（䷇）現代稱為「組織力」，在普遍有組織卻缺乏組織力的情況下，尤其值得大家重視。鞏固領導核心，是所有組織的共同目標，不能因為自由民主，便「君不君，臣不臣」，彼此只講利害關係，失卻「士為知己者死」的高尚情懷。

比 8

䷇

水地比

有組織就需要組織力，
鞏固領導中心，
十分重要。

師 7

䷆

地水師

重視師道，
明師重於名師，
不必好為人師。

訟 6

䷅

天水訟

站在不訟的立場來訟，
合理興訟，
不必得理不饒人。

需 5

䷄

水天需

需求合理，
必須以理智指導感情，
保持勤儉樸實的好習慣。

蒙 4

䷃

山水蒙

活到老學到老，
還要教育子女，
以免富不過三代。

屯（ㄓㄨㄣ） 3

䷂

水雷屯（ㄓㄨㄣ）

創業維艱，守成不易，
最好重視傳承，確保誠信。

我們的建議

1 凡事必須慎始，對新環境不夠瞭解，對情況也難以掌握時，最好能夠沉得住氣，穩紮穩打，以免徒然招惹凶險，或替未來發展埋下危險因子，導致後患無窮。

2 遭遇危險，遇有困惑時，最好能向明師請教。年輕慎擇師，以免病急亂投醫，很容易問道於盲，反而受害。尋覓終生的導師，雖然十分困難，卻值得努力。能夠親近最好，至少可以從明師的書本上，獲得自己所需的知能。

3 欲望不應該被禁止，也不能加以放縱。適可而止，應該是合理的標準。尊重每個人的自主性，不去訂定一致的標準，而是由自己斟酌、自行決定，當然結果也要自作自受。

4 互相禮讓，就不起爭端。各自堅持，勢必引起爭執。若再加上第三者添油加醋，爭執就會更形劇烈，興訟就在所難免。此時各退一步，盡量求取和解，才是合理的方式。

5 出師必須合乎正道，才能無往不利。各種具有「師」字頭銜的人士，都應該自重，以搏得他人的尊重。人必自重，而後人重之。對「師」字輩人士而言，此乃不變的真理。

6 人生在世，能夠有三、五志同道合的朋友，加上一位值得尊敬的人生導師，實在是件值得珍惜的美事。親近正道，遠離邪惡，以免造成遺憾。發現可以親比的對象，要把握機會，卻不應該著迷。出於自己的意願，不必勉強。

結語

〈序卦傳〉開宗明義，說明乾、坤之後，屯（ㄓㄨㄣ）、蒙、需、訟、師、比等卦的順序，可以說是自然演化的過程。以人類為例，先有天地，人類才有生存成長的機會。在母體內懷胎十月後，還要經過諸多艱難，才能呱呱墜地。父母即使給予幼小子女足夠的衣食和親情，若是缺乏適當的教養，未能灌輸正當的行為態度，勢必愛之適足以害之，鬧得家庭不得安寧。社會上已有很多實例，足証「養兒子不教，害自己全家；養女兒不教，害別人全家」，顯示屯（ㄓㄨㄣ）卦始生之難，接下來便是蒙卦教養的必要。人人如此，家戶皆同。

孩童不自量力，更沒有權利與義務的概念。想要就要，得不到就哭鬧。種種需求，倘若不加以適當的限制，便會愈來愈難以控制。將來長大了，無法過正常生活，更是問題重重。啟蒙教育，實際上要從家庭開始，需要父母通力合作，不能把責任完全推給學校。現代社會環境複雜，父母普遍十分忙碌，往往把教育子女的責任，推給別人，造成很多障礙，影響到親子關係，也忽略了子女的感覺。

眾所周知，教育是國家建設的根本，近年來各界人士也都熱心於教育的改革。但是，對於我們究竟需要什麼樣的教育這點，卻始終舉棋不定。大家各有見解，甚至各具用心，把原本十分簡明扼要的教育原理，弄到大家都很糊塗。果然証實了人類的最大毛病，便是不相信事情會這樣簡單明瞭，一定要把它複雜化，然後才來抱怨：「這樣複雜的事情，怎麼不設法簡單化呢？」

很多人研讀易學，嘴巴說簡易，心裡卻一百個不能接受：「怎麼可能如此簡易？」一定要使它變得十分複雜難懂，然後引起大家的怨責：「看不懂的書，有什麼用？」歷史告訴我們，教育的失敗，便是教師的失敗；教師的失敗，又是培養師資的師範教育的失敗。我們的「師道」，只能從「傳道、授業、解惑」之中，完成部分的授業責任。道不能傳，惑不能解，怎麼能夠獲得大家的尊敬？我們忽視了需卦的警示，盲目引進外來的教材，相當於「自我致寇」，把強盜引進自己的家門，又不能敬慎處置，當然是一敗塗地、亟待救援了。

訟終凶，我們卻以時代不同為藉口，用粗糙、幼稚的二分法思惟，來劃分「人治」與「法治」。認為法律是至公至平、不偏不倚、無情無私，是治事的根本。凡事依法而行，有爭執就訴之於法。結果呢？落得大罵司法不公，感嘆「代代有冤獄，處處有冤魂」。而社會和諧的氛圍，也因此大受破壞。

現代「師」字的應用，愈來愈泛濫。顯示師道淪亡，好為人師的風氣，愈來愈盛。很多人自稱老師，卻不能教人行險而順。甚至於興師動眾，擾亂社會秩序，還不服公信力的取締，動不動就以「人權」為訴求，妨害別人的行動。

當今自由民主時代，比卦的精義，至關重要。大多數的意向，都集中在個人一切活動獲得自由的保障，而且所有決定，最好「由眾人商議」而非「由一人作決」。二〇〇八年金融風暴襲捲全球，應該是一面慘痛的借鏡，促使大家對自由民主深層思慮，可惜大家都只急於何時恢復榮景，缺乏深切的反省。恐怕就連上天都在感嘆。天何言哉！就算有一天真的開口說話，人們也聽不入耳吧！

師比兩卦，都和人情密切相關，所以我們的下一本書，是《人生最難得有情》，歡迎大家一同進入《易經》裡的有情世界。

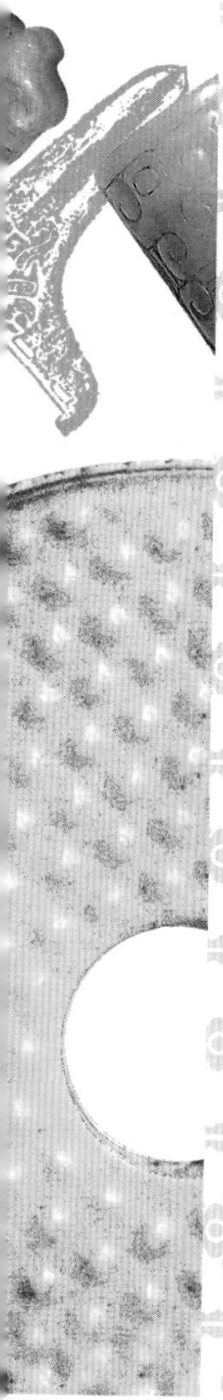

《附錄》

金融風暴警示人類走錯了道路

一、現代人欠缺耐心等候的素養

二十一世紀才開始不到十年，便突然掀起了巨大無比的金融風暴。不但襲捲全球，而且為害深遠，令人心驚膽顫。發生的地點，竟然是世人心目中最先進的美國，不免引起大家的好奇，這怎麼可能呢？全世界的金融菁英、制度嚴密、股市龍頭老大，怎麼會陰溝裡翻船，如此難堪呢？

不幸的是，大家關注的焦點，居然是：什麼時候可以停息？準備再度抓住機會，重新搭乘飛快的經濟發展列車。大家對金融風暴的用意，及其對人類的警惕，似乎毫不在意。很少有人深入探討問題根源，實在是辜負上天的一片好意。也難怪氣候異常，顯見老天爺十分不高興。

我們最好探究《易經》的需卦，從中體會一些「等待」的道理，進而探討人類所走的道路，有沒有什麼問題？

需卦的卦名，是一個「需」字。「需」的意思，我們望文生意，不外乎是「需求」和「需要」。其實我們的問題已經浮現，常人只習於在字面上做文章，望文生義而又不求甚解。若再加上自以為是，那就真的沒藥可救了。我們應該深入思慮：「需求」和「需要」有什麼不同？「需求」是我們所要的東西；「需要」是由於缺乏而必須得到。「需求」和「需要」的不同，點出了三個問題：

1 我們為什麼產生「需求」？

因為人要生存，至少在衣食方面，有一些需求，才能活得下去。生存之後，又想要好好地生活，於是產生許多欲望，所以有很多需求。好好生活還不夠，進一步還想要快樂地生活，長久快樂地生活，於是需求就愈來愈多了。

2為什麼又說成「需要」呢？

由於我們所面臨的情況是資源不足、機會有限。加上我們自己的侷限性，造成有所需求但實際上卻難以滿足的困境。想要的東西，經常得不到，或者不能滿足自己的需求。因此需要往往必須等待，無法馬上獲得滿足。

3「需求」和「需要」有什麼衝突嗎？

有的。人類有需求，卻經常由於種種限制，不能獲得及時而充分的滿足，以致產生很多煩惱和痛苦。甚至引起爭奪和訴訟，搞不好還會自相殘殺，引發戰爭。人類需要等待的涵養，卻在一片「快、快、快、還要更快」的呼喊聲中，失去了理智。盲目追隨「速度第一」的錯誤指示，急躁、緊張、忙碌、不自量力，以生命換取財富、投機取巧、企求以小搏大、一夜致富、相信有夢最美、潛力無窮，這才走向窮途末路。幾乎要逼死自己，而瀕臨滅絕。

「需」的意思，應該是「等待」。現代人把「需」字看成「需求」，卻忘了需要必須等待，這才是造成金融風暴的真正原因。

二、需卦提醒人類需要必須等待

《易經》六十四卦的第五卦，名為需卦。翻開《易經》，在上經部分，可以看到需卦，在蒙卦之後，訟卦之前。

需卦的圖象，是坎下乾上，如圖1。由上下兩個三畫卦組成：上卦為坎（☵），象徵水、財、險、雨；下卦是乾（☰），象徵很多人、不同的人，以及人類的主要發展階段。

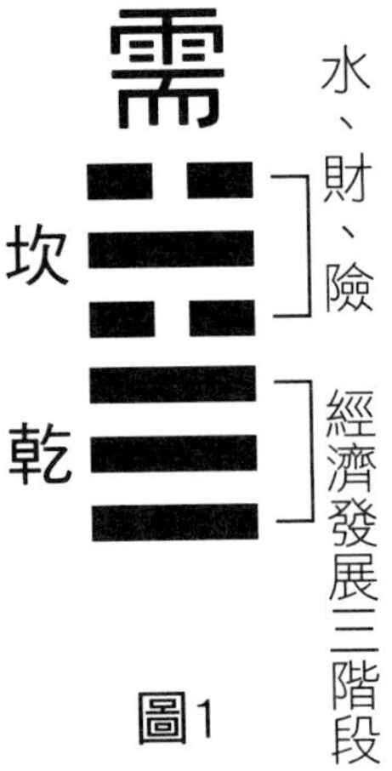

圖1

我們把上下卦拆開來看：上卦為坎（☵），上下兩個陰爻（⚋）象徵烏雲，中間一個陽爻（⚊）代表太陽。看起來很像烏雲蔽日，快要下雨的樣子。如圖2。

圖2

下卦為乾（☰），看起來像三位有為的君子，想要出去辦事，卻由於烏雲密佈，快下雨了，不敢冒然行動。只好躲在能夠遮雨的地方，耐心等待。也可以想像成已經下雨了，三個農夫或工人，暫時停下工作，耐心躲雨。等待雨過天青，再繼續工作。《易經》的「三」，並不一定指「一、二、三」的「三」，經常代表多數。許多人在躲雨，等待放晴。由於天在上，而人在下，所以構成下乾上坎的需卦，如圖3。

圖3

天要下雨，也需要等待，並不是想下就下。人需要任何東西，也都會有一個過程，必須耐心等待，急不得。這是一則十分明顯的例子，顯示《易經》能夠教導我們「如何從自然現象中，去體會為人處事的道理」。

「需要」和「等待」是分不開的，這當中還會經常出現若干艱難險阻，必須逐一面對，並且加以克服，才能滿足自己的需求。滿足的意思，是水（坎、財、險）滿到自己的足部，便應當適可而止，才能夠知足常樂。否則滿到腹部，恐怕就難以行動。倘若滿到腦部，很可能就被淹死了！

需要必須等待，並且適可而止，不應該貪得無厭，這是需卦的真正用意。若世人能深入了解需卦的真義，實踐需卦的精神，才能斬斷金融風暴的禍根，讓人安居樂業，在合理中謀求未來發展。

三、需卦六爻各有不同的啟示

《易經》每一卦，都是由上下兩個三畫卦重疊組合而成，都有六個爻，由下而上，不一定是陽爻或陰爻，有所變化。需卦也不例外，自下往上看，形成陽（⚊）、陽（⚊）、陽（⚊）、陰（⚋）、陽（⚊）、陰（⚋）的組合。依《易經》的標示方式，分別為初九、九二、九三、六四、九五和上六，如圖4。每一爻都有不同的爻辭，說明這一爻的特性。

需

圖4

初九爻辭：「需于郊，利用恆，无咎。」意思是當人類在農業社會時，大家在廣闊平坦的土地上，有恆心地過著農耕生活。下雨時休息，讓雨水滋潤農作物，自己也忙中偷閒，料理一下家務。當然无咎，沒有什麼罪過。

九二爻辭：「需于沙，小有言，終吉。」象徵人類進入工商社會，變化多端。好像我們站立在沙地上，稍微不小心就會跌倒。人們的花樣太多，噱頭也不少。勾心鬥角的結果，使得工商社會，好像沙灘上的建築物。口頭之爭，似乎人人都逃不掉。必須謹慎小心，居於正道，才能吉順。

九三爻辭：「需于泥，致寇至。」象徵人類進入資訊社會，真假不分，虛實混雜。忽而虛擬，忽而又變成實有。大家對鄰近的人視若無睹，卻拿著手機和遠方的人談笑風生。整天靜不下來，連自己陷在泥濘之中，形勢危險、進退兩難都察覺不到。災害從外而來，開門揖盜，自己仍不知不覺，實在是可憐之至。倘若不以恭敬謹慎的態度妥善應付，後果如何？就要自作自受了。下卦為乾，象徵有為的君子，歷經農業社會、工商社會，現代又進入了資訊社會。自認為進步，卻不知愈來愈靠近上卦坎，水勢愈來愈洶湧，財富愈積愈多，而危險重重。

上卦為坎，是人類長久以來所追求的目標，也是所面對的環境。老天下雨，帶給人類很多好處，卻也造成人類極大不便，甚至於氾濫成災，或者水淹道路，寸步難行。雨就是水，我們用它來象徵財富。「遇水即發」，成為大家常用的祝福語。上卦三爻，分別表示財富所帶來的好處和危險。探究其意，趣味盎然，也能發人深省，使人反覆領悟。

六四爻辭：「需于血，出自穴。」象徵每一分錢，最好都是自己的血汗錢。「穴」指危險的坑洞。意思是「財富多少都具有風險性，一不小心，就會使人掉入危險的坑洞」。不是被坑，就是坑人。傷風敗德的坑洞，比比皆是，必須不斷提升自己的品德修養，以期受傷流血時，能夠提高警覺，及早從坑洞中逃脫出來。務求化險為夷，逢凶化吉。

九五爻辭：「需于酒食，貞吉。」這裡所說的「酒食」，並不是現代人所想像的美酒和山珍海味，而是指小康的生活。我們觀看烏雲密佈的天空時，不要忘記太陽並不是沒有出來，它只是被烏雲所掩蔽，使我們無法看見。烏雲的背後，太陽依然光亮。只要我們適可而止，安心過著小康生活，不奢侈糜爛、不敗壞風氣、不債留子孫，自然就能夠中正吉順。

上六爻辭：「入于穴，有不速之客三人來，敬之，終吉。」上六居坎險的末端，象徵為了追求財富，不安於小康生活。富了還要更富，力爭進入富豪排行榜，於是冒險犯難，違法也在所不惜，最後終於掉入險穴之中。這時候不請自來的「不速之客」分批來到。有的是來綁票、搶奪財富，甚至於謀財害命的。有的是來查稅的，從所得稅、贈與稅、遺產稅各方面著手，逐一清查，務求達到補稅、罰款的目的。更可怕的是來傳訊或就訊的，有人提出控告，必須依法查究辦理。「三人來」並不一定是三個人，很可能是許多人分批出現，有的透過電話，有的寄存証信函，有的攜帶搜索令，不請自來，也不一定什麼時候出現。這時候最好的辦法便是「敬之」，恭敬地面對來人、敬慎地自我反省、虔敬地妥為因應，才能獲得最終的吉祥。

下卦為乾，代表人類的經濟發展。《易經》的規矩，是以「中」為吉。一卦三爻之中，以中間那一爻較為吉祥。初九、九二、九三之中，以九二為中爻，象徵最為合適的經濟生活。人類不可能不發展工商企業，安於小康生活。科技研發和資訊傳播，則必須適可而止，不能毫無節制地發展下去。近幾年來，科學家已經有了深切的覺悟。一方面明白科學不過是一條漸近線，使我們愈來愈接近真相，卻永遠無法完全揭露宇宙的奧祕。知道得愈多，才發現不知道的部分更多。在這種侷限性之下，資訊也應當合理地有所約束，抱持「知之為知之，不知為不知」的自覺性和自律性，以免打著「人民有知的權利」的旗幟，造成社會的動盪不安。

上卦為坎。六十四卦之中，只有在坎卦的上面，加上一個「習」字，稱為「習坎」。意思是人類從小到大，必須通過各種艱難險阻的嚴格考驗，幾乎沒有人例外。我們的一生，都必須學習和險難相處，練習和險阻共存。上卦的中爻是九五，象徵烏雲密佈的背後，仍然有光明的太陽。只要安於小康生活，把多餘的時間用來奉獻人群、造福社會，大家自然安居樂業，不必像現代人這樣，弄得妻離子散，只有當丈夫在海外喪生時，我們才發現妻子依然健在；只有當子女被關進牢裡，父母才會夜不成眠。

四、需卦的前後卦有很好的啟示

需卦（䷄）的前面一卦，是蒙卦（䷃）。我們常說蒙昧幼稚需要高明啟蒙，可見蒙卦的功能，在從「教」、「學」雙方面著手，以清除蒙昧幼稚，開發智慧，達到教化的目的。蒙卦緊接著便是需卦，一方面告訴我們：童蒙無知，實際上需求相當有限。教育愈普及、知識愈發展，大家反而需求愈大，愈貪得無厭。一方面則警示大家：缺乏正確的知識，使我們無法以理智指導感情，不能用正當性來節制欲望。需求的滿足出了問題，根本治療要由蒙卦入手。家長不重家教，把子女寵壞了；老師不重身教，將學生帶壞了；政府不重視道德規範，使人民一心只想鑽法律漏洞，游走法律邊緣。勤學法律的用意，竟然成為建立妥善的防火牆，然後放火燒別人的房屋。蒙卦的重要性，在經過金融風暴事件後，已經愈加明顯。我們不能不下定決心，妥為改善。

需卦的後面一卦，則是訟卦（䷅）。下坎上乾，天空晴朗，地面水流清澈，不是十分可愛嗎？為什麼會引起爭訟或訴訟呢？原來天上的太陽自東向西移動（其實是地球在轉動，然而雙眼觀察所得，卻是太陽在移動），而地上的河流卻是由西向東流（當然也有例外，只是古代中原地區人士，看到的現象確實如此）。天與水違行，產生衝突，造成爭訟，啟示我們，若是違背天理（良心）而行，終究天網恢恢，疏而不漏，必然會身陷訴訟的。

上乾表示天高高在上，人們怎麼敢訴訟老天爺呢？水向低處流，常常造成氾濫或災害，當然被人責罵。甚至為了爭奪水資源、污水的排放、斷水的糾紛、水價的爭執、河床的截彎取直、水的利用和收益等等，引起很多的訴訟。

按理推論，上乾三爻用不著訴訟他人。有什麼不合意的，大可依法究辦，至為方便。倒是下卦為坎，三爻卻具有提出訴訟的風險性。因為以下訴上，當然免不了有些風險。萬一告錯了、敗訴了，豈不是後患無窮？大官告老百姓，實在很少見；人民告大官，若非罪證確鑿，無法抹滅，誰敢輕易扣上手銬、腳鐐？倘若結果證據不足，豈不是成了全民公敵？下坎三爻，都可能是提出告訴的人。用坎險來表示，含有警惕的作用，告訴大家：爭訟發乎情，卻必須止於理。若因訴訟而使人受到屈辱，不免有後遺症。現代大家推崇法治，仍然以「無訟」為最高理想。不可不訟，但卻不應該亂訟。能做到無訟，彼此都快樂！

五、結語與建議

金融風暴，若把它當成壞事來看，那就真的是壞事。使得很多人財富縮水，甚至全部泡湯。原本神氣十足的「濟濟多士」，忽然間變成「什麼都不是」。向來以制度嚴密、安全可靠為號召的信用機構，毫無預警地倒閉，引發全球性失業恐慌，各國政府對人民的許諾全部跳票。然而，我們如果換一種角度思慮，就會發現金融風暴撼動了我們長久以來僵化的思路，讓我們能反躬自省：人類真的需要那麼多汽車、服裝、器材、用具嗎？奢侈糜爛的生活，能不能趁此機會徹底改變呢？很久沒有和家人好好相聚，現在不正是可以彌補缺憾的時機嗎？用正面的角度來解讀金融風暴，就會發現不論是對子女教育、社會風氣、家庭和諧等方面，好像都是獲得改善的良機，又有什麼不好呢？

動物每天花費六小時的時間，才能夠餵飽自己。牠們沒有太多的時間玩花樣、搞噱頭。人類由於科技發展、衣食溫飽，似乎比動物節省了很多時間，可惜卻不用來修養自己的品德，以期促進人群和諧、社會安寧，反而用以爭強好勝、標新立異、投機取巧、污染環境、浪費能源，弄得整個世界烏煙瘴氣、醜事不斷。上天藉由金融風暴來警示人類，我們怎麼能夠粗心大意，只將注意力集中在如何因應，以及何時才能復甦，而失去改善體質的大好機會呢？

為今之計，恐怕只有以易理救宇宙。靜下心來，保持正本清源的心態，把《易經》的道理好好整理一番，應用在現代社會，以促使人類共同走上合理的正道，也就是中道。宇宙萬物，如果缺乏共同生存的原理，地球必然分裂，世界也不可能全球化。《易經》把自然法則，應用到人事方面，很容易含括各種不同的生存方式和生活理念，能建立起人類的共識。人類生活，陽光和雨水必須調和，才能順適平安。需卦提出中和之道，倡導無過與不及的需求與滿足，值得大家深思，並實際應用在日常生活中。六、七千年前的古人，當然不可能預測到今日的金融風暴。但是愈接近水的地方，所含水分的比例就愈大，所以由郊外廣闊的土地走進沙土，再踩到泥濘，便知道已經愈來愈接近水流，這是自然的現象。

漢字的彈性很大，幾乎怎麼解釋都可以，只要合理，就可以提供大家參考，並無不可。我們大可不必在「信古」或「疑古」之間爭執不休。需卦下乾，表示人類必須學習乾陽的精神，剛健有力，並且自強不息；上坎則提醒大家習坎險而設法避險，以求合理。無過與不及的中道，原本就符合自然的天道，我們早已十分熟悉。若能運用此次金融風暴的機會，好好拿出來應對檢視一番，從中探求大自然教導人類的真理，從心態、制度、社會風氣……等各方面，做出適當且合理的調整，在和平的氣氛下共謀發展，人類社會必能擁有更光明的遠景。

一日易經班
6小時教你如何
讀懂《易經》
從古聖先賢的生活智慧中
學會：繼往開來、
知機應變、乾坤並濟、
與時俱進的道理
曾仕強教授精心籌劃
每月均有新班開課
陳祈廷 老師主講
曾仕強文化總編輯
曾仕強教授辦公室
電話：02-23611379
02-23612258
傳真：02-23319136

您絕對不能錯過的

國寶級大師與他的經典課程

中華文化的精髓，分別是由孔子與老子所承繼。孔子所走的，是主流的文化思想；而老子所走的，似乎是另一種路線，有如封地在外的諸侯，旁觀中央政權的起落，也像冷靜沉著的家臣，目睹政治世家的興衰，於是逐漸形成了一套獨特的政治思想與人生哲學。

雖然孔子和老子，是分別採用不同的方法，架構出儒家與道家的思維體系，但事實上，兩者的思想源頭皆是來自《易經》。老子以天道為主，用以貫穿人、地兩道；孔子則是以人道為中心，倡導下學地道、上達天道，同樣一以貫之。兩者一陰一陽、一剛一柔、一入世一出世，所謂儒道相濟，最能達到互補相通的效果。

要建立一套完整的思維體系並不容易，曾仕強教授積半世紀教學與演講經歷，已然形成一家之言。他是史上最受歡迎的明星級宗師，理論精闢，別出機杼，自成一格。能夠打破一般人的慣性思維，帶來許多重要領悟和啟發，使人有醍醐灌頂、茅塞頓開的欣喜感受。追隨國寶級大師曾仕強教授研讀經典，感覺就是這麼奇妙，可以幫助人們開啟智慧，更快、更有效率地掌握到經典要義。

曾仕強教授親授重量級課程

易經繫辭班

繫辭是孔子的學易心得，「其言曲而中，其事肆而隱」，提供了不同層次的思考。

課程共計30次60堂課，每月上課一次兩堂

易經經文班

卦爻辭可闡析現狀、預測未來，並告知能用以趨吉避凶的行動準則。

課程共計36次72堂課，每月上課一次兩堂

老子道德經的智慧

若是從《老子》這道門進入《易經》的殿堂，可以得到不同意境的體悟。

課程共計24次48堂課，每月上課一次兩堂

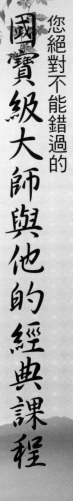

寓易理於生活中的易經課程

現代易

《易經》的〈繫辭傳〉告訴我們：「原始要終，以為質也」——這裡的「始」、「終」，探討的是時間。時間有「終點」跟「起點」，我們思考時要「由終到始」，做事時要「由始到終」。「由終到始」，是乾卦的智慧；而「由始到終」，則是坤卦的智慧。

「現代易」是用當代的觀點詮釋《易經》，課程深入淺出，能奠定穩固的易學基礎，同時也會介紹如何自己占卦、解卦的基本原則，幫助您善用《易經》智慧，解決現代人常見的問題，非常適合初入門以及想打好易學基本功的朋友。

課程共計20次40堂課

生活易

〈在《易經》裡，經常會出現兩個字，一是「悔」，一是「吝」。人如果絕不認錯，那就叫「吝」，往往會由吝轉凶；而勇於改過，那就叫「悔」，經常能夠由悔生吉。當「吉、悔」常用時，「吝、凶」就可以減免，這就是《易經》關於「吉、凶、悔、吝」的不變法則。〉

「生活易」是從傳統易學當中，提煉抽取出最適合現代人效法學習，可廣泛運用於日常生活中的易學精髓，能幫助我們善用前人智慧，開創出「自天祐之，吉无不利」的愉快人生。

課程共計20次40堂課

課程洽詢專線：02-2361-1379；02-2361-2258

曾仕強教授辦公室

影響華人世界
最重要的推手
曾仕強教授
解讀易經的奧祕
卷二【易經真的很容易】
曾仕強
書籍洽詢專線
02-2361-1379
02-2361-2258
曾仕強教授辦公室

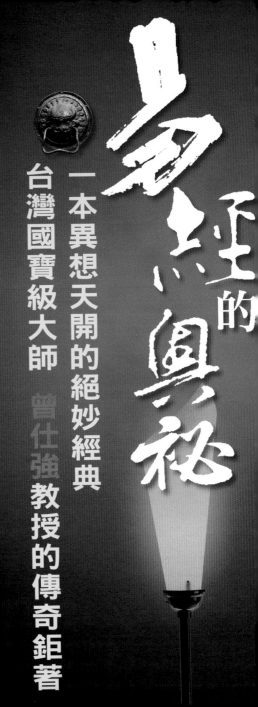

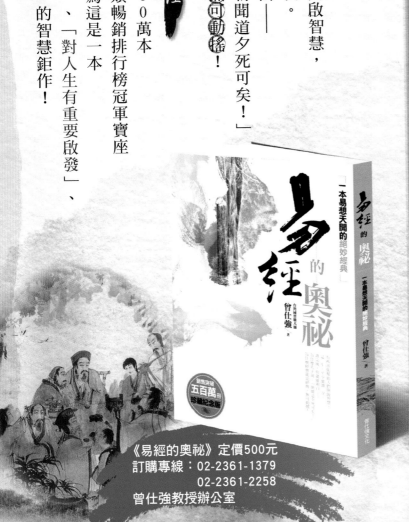

《道德經的奧祕》

曾仕強解析老子自然無為的人生哲學

老子是中國最特別的思想家，
能傳授給我們當代最受用的人生哲學。
只要懂得「反者道之動、弱者道之用」的宇宙法則，
每個人都能把自己生命的插頭，
和天地間生生不息的能量源頭相互連結。

曾仕強著　定價：500元

《論語給年輕人的啟示》

曾仕強解析論語的生活智慧

《論語》是孔子針對人性而發的智慧語錄，
現代人閱讀充滿生活智慧的《論語》，
等於是向中國最偉大的老師請益，
可以獲得能夠實踐於日常生活中的真知灼見。

曾仕強．曾仕良著　定價：350元

《為官之道》

曾仕強解析華人的政治智慧

有人說：「人在衙門好修行。」
也有人說：「一世為官，九世牛。」
可見為官有道是修得福報的速成方法，
為官無道則是通往罪惡深淵的特快列車。

曾仕強．曾仕良著　定價：450元

《胡雪巖給年輕人的啟示》

曾仕強解析紅頂商人胡雪巖的成功祕訣

中國式管理之父曾仕強教授，
為讀者精準剖析胡雪巖一生的得與失，
從一代商聖的成功經驗與失敗教訓中，
找到你我能夠借鏡學習的致勝關鍵！

曾仕強著　定價：280元

書籍洽詢專線
02-2361-1379
02-2361-2258
曾仕強教授辦公室

中國式管理之父．台灣國寶級大師
兩岸三地狂銷500萬本《易經的奧祕》作者
曾仕強
教授粉絲專頁
手機掃描上方QR CODE
可直接連結到官方網站
facebook 搜尋 曾仕強教授
facebook
行有餘力 則以學文
率其辭，而揆其方
參天地之化育
乾元用九 天下治也
當名辨物，正言斷辭
受命如嚮 遂知來物
．易經學習日記專欄．
請上FB曾仕強教授粉絲專頁，
一同交流分享易經學習心得。